KB270526

자본론

Das Kapital

카를 마르크스

다락원 | Spark Publishing

SPARKNOTES™ 015

자본론

펴낸이 정효섭
펴낸곳 (주)다락원

초판 1쇄 인쇄 2009년 2월 10일
초판 1쇄 발행 2009년 2월 17일

책임편집 안창열
디자인 손혜정
번역 강태원
표지삽화 손창복

다락원 경기도 파주시 교하읍 문발리 509-1
내용문의: (031)955-7272(내선 400)
구입문의: (02)736-2031(내선 112~114)
Fax:(02)732-2037
출판등록 1977년 9월 16일 제300-1977-23호

Copyright © 2009, 다락원

출판사의 허락 없이 이 책의 일부 또는 전부를
무단 복제 · 전재 · 발췌할 수 없습니다.
잘못된 책은 바꿔 드립니다.

값 7,000원

ISBN   978-89-5995-180-2 43740

http://www.darakwon.co.kr
일이관지(一以貫之) 논술팀이 제시한 실전 연습문제 답안작성
논술가이드는 www.darakwon.co.kr에서 무료 제공합니다.

세계의 교양을 읽는다

고전을 왜 읽는가?

인간의 삶과 세상에 대한 영원한 물음이 있기 때문이다. 시대와 사상을 뛰어넘어 지금 여기 우리에게 필요한 물음이 없는 고전은 더 이상 고전이 아니다. 인간과 삶에 대한 근원적인 물음 없이 고전을 읽는다면 자신과 인간에 대한 성찰과 지혜로 이어지지 않는다. 논술 시험 때문에, 과제물 때문에, 아니면 남들이 읽으니까, 나도 읽는다는 식이라면 그 책은 죽은 책일 수밖에 없다.

고전을 살아 있는 책으로 만드는 이 '물음!'에 답하기 위해서는 좋은 길잡이가 필요하다. 오랜 기간 동안 미국의 고교생과 대학 주니어들이 시험, 에세이 작성, 심층토론 준비를 위해 바이블처럼 애용해온 'SPARKNOTES'와 'CliffsNotes'는 바로 그런 좋은 길잡이의 표본이다. 이 두 시리즈가 원조 논술연구모임인 '일이관지(一以貫之)' 팀의 촌철살인적 해설을 곁들여 논술로 고민중인 대한민국 학생 여러분을 찾아간다.

SPARKNOTES와 CliffsNotes의 가장 큰 장점은 방대하고 난해한 고전을 Chapter별로 요약하고 분석해서 원전의 내용에 보다 쉽고 체계적으로 접근하는 신속·간편성이라고 할 수 있다. 여기에 '一以貫之' 팀이 원전의 중요한 문제의식, 즉 근원적 '물음'은 무엇이며, 그 '물음'은 오늘날에도 여전히 유효한가, 라는 질문을 다시 던진다.

대입논술로 고민하고, 자칭 타칭의 고전이 넘쳐나는 오늘의 독서풍토에서 지적 정복이 긴박한 대한민국 학생들에게 감히 이 시리즈를 자신 있게 권한다.

一以貫之 논술연구모임 연구실장 이호곤

차례

SPARKNOTES와 CliffsNotes는 방대하고 난해한 원작을 보다 쉽게 이해할 수 있도록 돕는 안내서입니다. 여기에는 원작 이해를 돕기 위해 매 장마다 '요점 정리(또는 줄거리)'와 '풀어보기'가 실려 있습니다. '요점 정리(또는 줄거리)'에는 원저의 내용을 일목요연하게 정리해 놓아 저자가 전달하려는 내용을 어렵지 않게 파악할 수 있습니다. '풀어보기'에서는 철학서의 경우, 원저에 담긴 저자의 사상이나 관련 철학, 시대 상황, 논점 등을, 문학 작품인 경우에는 원작에 담긴 문학적 경향, 등장인물의 심리상태, 주제 등을 설명해 놓았습니다. 분석적이고 비판적인 글읽기의 바탕이 되는 요소들이죠. 비소설이나 소설을 막론하고 분석적이고 비판적인 글읽기는 독자에게 꼭 필요한 자질입니다.

그밖에도 원저를 좀더 깊이 복습해서 제대로 소화할 수 있도록 돕기 위해 'Study Questions'와 'Review Quiz' 등을 마련해 놓았습니다.

* 〈 〉는 철학서, 장편소설, 중편소설, 수필집, 시집. " "는 단편소설, 논문
* 작품명은 독자의 이해를 돕기 위해 예외적인 경우를 제외하고는 영어식으로 표기함.

❍ 일이관지(一以貫之) 논술노트

권말에는 일이관지 논술팀에서 작성한 논술노트가 실려 있습니다. 원저를 우리의 삶과 연계시켜 비판적 사고와 논리적 글쓰기의 방향을 제시합니다.

❍ 실전 연습문제

논술예제와 기출문제를 통해서는 원작을 바탕으로 출제 가능성이 높은 논점을 함께 숙고해 봅니다.

간추린 명저 노트

독일의 카를 마르크스 Karl Marx(1818-83)는 정치혁명가일 뿐만 아니라 철학자이자 경제학자인 동시에 사회학자였다. 〈자본론 *Das Kapital*〉은 마르크스의 가장 중요한 저작 가운데 하나로, 이 책을 쓰는 데만 거의 30년을 공들였다. 제1권은 1867년에 발간되었는데, 그가 생전에 완성한 유일한 책이다. 제2권과 제3권은 마르크스의 친구이자 동료였던 프리드리히 엥겔스 Friedrich Engels(1820-95)가 마르크스의 사후에 편집하고 발간했다.

마르크스는 선배 사상가들로부터 몇 가지 중요한 지적 영향을 받았고, 그 가운데 하나가 헤겔의 저작이다. 헤겔의 이론에 따르면, 역사란 세계가 자기 자신을 정신으로 인식해가는 과정이다. 마르크스는 이러한 생각을 받아들이면서도 물질세계에서 자신으로부터 소외된 것은 다름 아닌 인간이었다고 주장했다. 소외로부터의 탈출은 혁명을 요구한다. 마르크스는 당대에 지배적이던 경제이론들에도 응수했고, 그 과정에서 애덤 스미스*와 존 스튜어트 밀** 등, 몇몇 경제학자들의 이름을 거명한다.

마르크스의 이론은 마땅히 19세기의 영국, 프랑스, 독일 노동자들이 겪었던 고난의 맥락 속에서 이해되어야 한다.

18세기와 19세기의 산업혁명은 외관상 영원할 것처럼 보이던 하층 계급인 노동자를 양산했고, 그들 대부분은 끔찍한 노동조건 아래서 정치적으로는 그 어떠한 권리도 보호나 대변도 받지 못한 채 가난에 시달리고 있었다. 마르크스의 〈자본론〉은 당시 최고 선진국이었던 영국의 자본주의에 대한 30년간의 연구에 바탕을 두고, 이러한 관찰을 토대로 자본주의의 구조와 기능에 관해 정교한 이론을 발전시킨 것.

---

* **애덤 스미스**(Adam Smith. 1723-90): 영국 경제학자이자 철학자. 자본주의와 자유무역에 대한 이론적 기초를 제공했다. 주요 저서는 〈국부론〉 등.

** **존 스튜어트 밀**(John Stuart Mill. 1806-73): 영국 경제학자이자 철학자. 내면적 자유와 사회적인 자유를 구별하고 공익이 개인의 이익에 우선한다고 역설했다. 주요 저서는 〈자유론〉 등.

('스파크노트'에서는 〈자본론〉 제1권 1장 1절, 4장, 6장, 7장, 10장, 14장에 대한 '요점 정리'와 '풀어보기'만 다룬다.)

카를 마르크스의 〈자본론〉은 경제학 서적이자 사회학 서적이고, 역사 서적이기도 하다. 마르크스는 이 책에서 수많은 주제를 언급하지만, 대체적으로는 자본주의 체제의 성격과 발전, 그리고 미래에 대해 체계적인 설명을 제공한다. 특히 경제적 요소에 초점을 맞춰 무엇보다도 상품의 본질, 임금, 노동자와 자본가 간의 관계 등을 언급하고 있는데, 많은 부분은 자본주의적인 생산양식에 의해 노동자들이 착취당하는 양태를 설명하려는 노력이며, 더불어 과거의 착취 역사도 보여준다. 마르크스는 자본주의 체제가 끊임없이 이윤을 창출하고 유지할 수는 없기 때문에 궁극적으로는 불안정하다고 주장한다. 이런 식으로 〈자본론〉은 일반적으로 보다 쉽게 접근할 수 있는 〈공산당 선언 *Communist Manifesto*〉 같은 작품들에 대해 좀더 전문적인 배경을 제공한다.

'스파크노트'에서는 〈자본론〉의 한 가지 구성요소인 자본주의의 작동원리에 대한 개요를 중점적으로 논하기로 한다. 상품은 본질적으로 하나의 사용가치와 하나의 교환가치를 모두 지니고 있다. 상품의 교환가치란 그 상품에 투여된 노동량에 근거해서 창출된다. 전통적으로 인민들은 상품을 사용하기 위해 구입하지만, 자본주의자들은 상품을 다른 용도로 사용한다. 즉 그들의 최종 목표는 이윤의 증식인 것. 따라서 그들은 자본을 투하하여 상품을 사들이고, 이윤을 얻으려고 다시 내다 파는데, 그러한 순환과정은 되풀이된다. 자본가들이 이윤을 창출할 수 있는 까닭은 노동자들에게는 그들의 가치(노동자들이 임무와 역할을 제대로 수행하도록 지불하는 최소한의 비용)만 지불하면 되지만, 노동자들은 하루에 그 이상을 생산하기 때문(잉여가치의 축적)이고, 이런 식으로 노동자들은 착취당하는 것이다. 자본가들이 이렇게 착취할 수 있는 것은 권력과 생산수단을 장악하고 있기 때문이다. 더욱이 노동자의 성격은 이러한 착취제도에 의해 소극적으로 변해간다. 노동의 결실을 소유하지 못하고(상품으로부터의 소외), 어쩔 수 없이 해야 하는 반복적인 노동에 의해 단순한 기계로 전락하고 마는 것.

● **사용가치** use-value | 사용자의 측면에서 본 재화 또는 용역의 가치. 어떤 상품이 지니는 유용성 또는 효용의 크기 정도. 사용가치는 생산요소를 투하했을 때 얻을 수 있는 생산물의 수량으로 표시되고, 그 수량을 그 생산요소의 생산성이라고 한다. 소비재의 사용가치는 이러한 재화와 용역을 소비했을 때 느끼게 되는 만족도의 크기로 나타내며, 그 만족도는 소비자에 따라 다르기 때문에 본질적으로 주관적 가치의 특성을 지닌다.

● **노동력** labor-power | 마르크스에 따르면, 재화와 용역을 생산하기 위한 인간의 정신적(기능, 숙련, 지식…)·육체적(뇌수, 근육, 골격, 손발…) 능력의 총체다. 생산의 능동적인 요인이자 노동수단과 결합해서는 생산력을 구성한다. 노동력이 소비되는 과정이 바로 노동이다.

● **생산수단** means of production | 생산력. 생산에서 사용되는 생산도구(기구나 기계 따위), 노동방법(기술, 협동의 형태, 노동의 분업…), 그리고 응용지식(과학 등) 등으로 구성된다.

● **생산양식** mode of production | 인민의 생활양식을 규정하는 사회의 경제적 구조. 생산관계뿐만 아니라 생산수단으로도 이루어져 있다. 인민들이 살아가는 데 필요한 의식주 등을 획득하는 양식을 가리키며, 원시 공동체, 노예제, 봉건제, 자본주의, 사회주의, 공산주의의 생산양식이 존재한다. 생산양식은 모든 사회구성체의 토대를 이루며, 사회적 · 정치적 · 정신적인 생활과정 일반을 조건 짓는다.

● **생산관계** relations of production | 일정 형태의 물질을 생산하는 데 필요한 사람들 사이의 관계. 생산수단의 분배, 소유의 형태(공유와 사유, 또는 집산제와 사유재산제), 생산물의 분배로 이루어진다. 사람들의 의지나 의식으로부터 독립해서 존재하는 객관적 · 물질적 관계를 가리키며, 사적 소유의 경우에는 생산수단의 소유에 기인하여 결국에는 지배 · 피지배의 계급관계 형태로 나타난다. 생산관계를 변화시키는 것은 생산력의 발전인데, 생산력이 발전적이고 동적이면 다소 정체적 성격을 띤다.

Chapter별 정리 노트

Chapter 1
상품 (1절)

마르크스는 "상품의 두 가지 요소: 사용가치와 가치(가치의 실체, 가치의 크기)"라는 부제가 달린 이 장에서 상품의 분석을 소개한다. '자본주의적 생산양식이 지배하는 사회에서의 부의 기본 단위는 상품'인데, 상품이란 인간의 욕구를 직접적이거나 간접적으로 만족시키는 외부적 물체다. 쓸모 있는 물건들은 양과 질의 측면에서 관찰될 수 있고, 많은 속성을 지니고 있기 때문에 다양하게 사용될 수 있다. 마르크스는 상품의 질과 관련하여 사용가치라는 용어를 쓴다. "사물의 유용성이 그것의 사용가치를 결정하고, 그 사용가치는 소비에 의해서만 실현된다." 하나의 상품이 지니는 사용가치는 그 사물 자체의 고유한 특성으로서, 상품을 유용하게 만드는 데 필요한 노동의 양으로부터는 독립되어 있다.

교환가치는 한 종류의 사용가치가 다른 종류의 사용가

치와 교환되는 양적 관계 혹은 비율로서, 계속 변하는 관계이지 그 사물의 고유한 특성은 아니다. 예를 들어, 옥수수와 철이 교환관계에 있다는 것은 일정량의 옥수수가 일정량의 철과 등가물(等價物)이라는 의미다. 따라서 각각의 사용가치는 제3의 공통요소와 등가를 이루고, 또한 이것으로도 환원될 수 있다. 그 공통요소는 상품의 자연적 속성이 될 수는 없지만, 그 상품의 사용가치는 무시되어야 한다. 사용가치를 폐기하면 단 하나의 속성만 남게 된다. 즉 상품이란 일반추상적인 인간 노동의 산물이라는 것. 상품은 '동질적인 인간 노동이 응집된 수량'(사회적 필요 노동시간)이고, 그 상품의 교환가치에 나타나는 이러한 공통인자가 바로 그 상품의 가치다.

따라서 사용가치만이 추상적인 인간노동으로 구성되었을 때 교환가치를 갖게 되고, 그 상품을 생산하기 위해 사회적으로 요구되는 노동시간의 양으로 측정된다. 하나의 상품가치는 투여되는 노동시간이 변하지 않는 한 계속해서 상수(常數)로 남아 있을 것이다. 생산성이 크게 향상되면 상품을 생산하는 데 소요되는 노동량이 줄어들게 되고, 노동량의 감소는 생산제품에 '투명하게 나타나' 가치하락으로 이어진다. "그러므로 한 상품의 가치는 그 상품 속에서 구체적으로 실현되는 노동의 양에 정비례하고, 노동의 생산성에는 반비례한다." 즉 노동 생산성이 낮을수록 상품의 가치는 커지고, 그 반대의 경우에는 사품의 가치가 작아지는 것이다. 어떤 사물은 교환가치를 전혀 지니지 않아도 하나의 사용가치를 가질 수 있다. 이러한 사례는 어떤 사물의 효용이 노동을 통해 생성되지 않을 때 발생한다. 그러나 사용가치가 없는 채로도 어떤 가치를 지닐 수 있는 것은 존재하지 않고, 만약 어떤 사물이 무용지물이라면 그 안에 포함된 노동 역시 무용지물이다.

마르크스는 〈자본론〉 전체에 걸쳐 중요한 의미를 갖는 몇 가지 정의를 내린다. 따라서 그 정의를 명확히 알고 있는 것이 중요하다. 사용가치란 특정 물건의 유용성이고 고유한 내적 속성이다. 예를 들면, 망치는 무언가를 만드는 데 기여하기 때문에 하나의 사용가치에 해당한다. 이처럼 어떤 물건의 사용가치는 유용성으로부터 생겨난다. 한편, 망치의 교환가치는 다른 사물들과 관련된 상대적 가치로부터 기인하고 다른 사용가치와 교환되는 비율로 나타난다. 이를테면, 망치 한 개는 드라이버 두 개의 가치에 해당한다는 식이다. 이렇게 하나의 대상물은 그 사물 자체가 아니라 다른 사물들과의 관계 속에서만 교환가치를 지닌다.

그러나 어쨌든 망치와 드라이버가 교환될 수 있다는

사실은 그 둘 사이에 공통요소인 어떤 비교수단이 틀림없이 존재한다는 것을 암시한다. 마르크스는 이것을 해당 사물의 가치라고 말한다. 어떤 상품의 가치는 그 상품을 생산하는 데 투여된 노동의 양과 같다는 노동가치설은 마르크스의 이론체계에서 중심 축이라고 할 만큼 매우 중요하다. 이 학설에 따르면, 상품의 가격은 그 사회의 평균적인 생산조건 하에서 그것을 생산하기 위해 투하된 노동시간(사회적 필요 노동시간)에 의해 결정된다는 것을 암시한다. 여기에는 자연적인 사용가치를 지닌 대상물들—삼림, 다른 천연자원—은 하등의 노동이 투여되지 않았으므로 가치가 없다는 의미가 함축되어 있다. 그렇다면, 하나의 논쟁을 유발하는 질문이 생겨난다. 천연자원은 노동의 혜택을 전혀 입지 않았는데도 어떻게 교환가치를 지닐 수 있느냐—사람들이 그것들에 돈을 쓰느냐—는 것이다. 그리고 마르크스가 말하는 교환가치의 근본 관념이 근대 경제이론과 상이하다는 점을 염두에 두는 것도 중요하다. 근대 경제이론에서는 어떤 사물의 교환가치는 사람들의 주관적 선호도(만족도)에 뿌리를 두고 있다. 필요 노동량이 어떤 상품의 공급곡선과 연결되는 한, 그 교환가치는 수요곡선에 의해 결정되기도 하는 것이다. 그러나 마르크스는 오직 배타적으로 노동에만 초점을 맞추고 있다.

마르크스의 일반적 접근방식을 보여주는 이 절은 근대

자본주의 체제의 한 가지 측면을 해부하고, 그것의 작동원리를 이해하는 데 필요한 개요를 제시한다. 나중에 마르크스는 돈과 자본가의 역할 등에 대해서도 분석할 것이다. 이처럼 〈자본론〉은 오늘날에도 많은 역사적·사회학적 논쟁을 불러일으키지만, 경제이론서이자 경제적 함의를 담은 명저로서 굳건히 자리매김하고 있다.

Chapter 4
자본에 관한 일반 공식

마르크스는 자본의 시발점은 상품의 순환과 더불어 존재한다고 말한다. 상품 순환의 궁극적 결과물은 돈이다. 우리는 자본이 화폐의 형태로 다양한 시장에 진입하는 매일매일 이러한 현상을 목도한다. 마르크스는 두 종류의 순환이 존재한다고 밝힌다. C-M-C(상품-돈-상품) 구조가 직접적인 순환에 해당한다. 이 경우에 우리는 상품을 내다 팔아 더 많은 상품을 구입하게 되는데, 이때 돈은 일종의 중개인 역할을 수행한다. 그러나 또 다른 형태의 순환형식인 M-C-M(돈-상품-돈) 구조의 경우에는 팔기 위해 구입하고, 돈은 자본이다. 제1단계는 돈을 상품으로 전환시키고, 제2단계는 상품을 돈으로 전환시킨다. 그렇다면, 결국은 돈을 돈으로 교환하는 셈.

마르크스는 C-M-C와 M-C-M 구조를 비교·분석한다. 이 둘은 모두 상품과 돈, 구매자와 판매자가 포함된 M-C와

C-M을 가졌다는 점에서 유사하다. 그러나 C-M-C의 경우에는 최종 생산물이 사용가치이기 때문에 한 번 소비되고 말면 그 뿐이다. 돈은 구입한 상품과 교환하면 사라져버리기 때문에 '재출현'은 없다. 그러나 M-C-M에서는 상품 판매자가 투자한 돈을 다시 회수한다. 돈은 소비되는 것이 아니라 미리 투자되는 것. 이러한 돈의 재출현은 이윤의 창출 여부와 관계없이 과정의 본질상 나타나게 된다. 사용가치는 C-M-C의 목적인 반면, 교환가치는 M-C-M의 목적이다. 이러한 과정들에서 돈은 구별할 수 없고, 돈을 돈 자체로 교환하는 행위는 어리석어 보인다. 돈은 양으로만 구별할 수 있다. 따라서 M-C-M에서 실제로 발생하는 것은 M-C-M′이고, 여기서 M′=M+excess인데, 이 초과분(excess)을 잉여가치(이윤)라고 부른다. 본래의 가치는 자체의 가치를 증식시키고 잉여가치를 자본으로 전환시킨다.

M-C-M은 상품 판매자가 팔려고 구매하는 것이므로 그 순환과정은 무한하다. M과 M′는 모두 "동일한 업을 가졌으며 돈의 잉여가치를 증대시켜 가능한 한 절대적인 부에 다가가려고 노력한다." 결국, 돈은 다시 하나의 출발점이 되어 우리는 M′에서 다시 M″ 등으로 계속 진행하고, 이런 방식으로 화폐 소유자는 자본가가 된다. 화폐 소유자는 부의 증식이 행동의 유일한 원동력인 한, 자본가에 해당하고, 이러한 역할 속에서 '의식과 의지를 갖춘 인격화된 자본'

이 되어간다. 전주(錢主)의 목표는 무한한 부의 증식이다. M-C-M´는 자본의 순환영역에서 나타나듯이 자본의 일반 법칙이다.

마르크스는 화폐가 전통 사회보다는 근대 자본주의 사회에서 매우 중대한 역할을 한다고 설명한다. C-M-C의 경우에는 돈을 교환수단으로만 사용한다. 예를 들면, 어떤 사람이 30달러에 모자를 팔고는 옥수수를 사기 위해 그 돈을 지불하는 경우다. 상품을 교역할 때, 돈이란 도구로써 유용하다. 따라서 모자를 가진 사람이 굳이 옥수수를 가지고 있으면서 모자를 구매하려는 사람을 만날 필요는 없다. 모자 소유자는 모자를 팔아 돈을 구한 다음, 그 돈으로 또 다른 상대로부터 옥수수를 구입하면 되는 것이다. 그러므로 C-M-C의 궁극적 목적은 사용가치(이 경우에는 옥수수)를 소비하는 것이다.

M-C-M´ 방식은 근대 자본주의의 교환방식을 나타내며, C-M-C의 경우와는 매우 색다르다. M-C-M´ 방식의 궁극적 목적은 돈의 축적이다. 그리고 그 교환방식의 최종 산물은 단순히 더 많은 돈이기 때문에 끝없이 순환한다. 여기서 돈이 자본으로 여겨지는 것은 당연하다. 돈은 그 자체

가 목적이며, 물건을 사들였다가 되팔아서 더 많은 돈을 벌어들이기 위해 투하된다. 마르크스가 자본가의 목표는 무한한 자본축적이라고 명시한 점을 주목하라. 만약 어떤 자본가가 그러한 목표를 향해 매진하고 있지 않다면 진정한 자본가라고 할 수 없다.

마르크스가 규정한 자본주의의 특성에 관해 생각할 때는 이러한 자본주의 윤리가 어디에서 도출되는지를 검토해야 한다. 마르크스는 자본주의자들은 끊임없이 더 많은 돈을 필요로 하고, 게다가 자본주의 체제는 이러한 태도를 요구하며 영속시킨다고 말한다. 그러나 이 진술이 사실이라고 하더라도 그것은 자본주의가 최초에 어떻게 발전되었는지를 제대로 설명하지 못한다. 도대체 사람들로 하여금 M′를 목적 그 자체로 바라보도록 만든 것은 무엇인가? 도대체 이윤에 대한 갈증은 어디에서 기인하는가? 마르크스는 이러한 시원적 질문에 답변하기 위해 그리 많은 시간과 지면을 할애하지 않는다. 이러한 한계점들이 앞으로 펼쳐질 이론에 어려움으로 작용한다.

Chapter 6
노동력의 판매와 구매

여기서 마르크스는 돈이 자본으로 전환되는 과정의 문제를 다룬다. 어떤 사람이 어떻게 제 가격에 상품을 매입하고 제 가격에 판매해서 이윤도 창출할 수 있는지를 설명해야 한다는 것. 자본으로 전환되어야 할 돈의 가치 변화는 돈 그 자체나 동일 상품의 재판매 행위에서 생겨나는 것이 아니다. 돈은 구매수단으로서든 지불수단으로서든 그 대상이 되는 상품의 가격을 실현할 뿐이고, 그 형태 그대로 머물러 있을 때는 가치량이 변하지 않기 때문이다. 마찬가지로 상품의 재판매 역시 상품을 현물형태에서 화폐형태로 재환원시키는 것에 불과하다. 그러므로 이 변화는 제1의 유통행위(돈을 투하하여 상품을 매입하는 과정, 즉 M-C)를 통해 구매되는 상품에서 발생해야 하지만 그렇다고 그 상품의 가치에서 생기는 것은 아니다. 상품은 그 가치대로 지불되기 때문이다. 따라서 이 변화는 그 상품의 사용가치, 즉 소비로부터만 발생할 수 있다. 그리고 자본 소유자는 그 사용가치 자체가 가치의 원천이 되는 독특한 속성을 가진 상품인 노동력을 발견한다.

그러나 노동력이 하나의 상품이 되기 위해서는 일정한 사회적 조건이 필요하다. 첫째, 각 개인은 하나의 상품인 노동력을 파는 위치에 있어야 한다. 즉, 노동자는 인격체로서 자본 소유자와 동등한 법적 당사자가 되어 시장에서 만나야 한다. 노동자는 자기의 노동을 재산으로 취급하려면, 기꺼이 구매자의 처분에 맡겨야 한다. 다시 말해, 노동자가 자기의 노동에 대한 권리를 주장하기 위해 자신과 노동을 떼어놓는 것. 그리고 이때는 항상 노동력을 일시적으로 일정한 시간 동안만 판매해야 한다. 그렇지 않고 한꺼번에 모두 판매하면 자기 자신을 파는 것이 되고, 상품 소유자에서 상품으로 전락하기 때문이다. 둘째, 노동자는 자기의 노동이 창출하는 상품을 팔 수 없어야 하고(노동의 판매자는 노동자지만, 상품의 판매자는 자본가이기 때문), 노동력을 팔지 않으면 안 되는 상황에 놓여 있어야 한다. 이러한 경우는 노동자가 생산수단을 소유하고 있지 않을 때만 생겨난다. 예를 들면, 어떤 사람이 가죽장화를 만들려면 반드시 가죽이 있어야 한다. 그런데 그 장화가 완성될 때까지 식량을 구입할 여유가 없다면, 역시 장화를 만들 수가 없다. 이런 상황들이라면, 그는 어쩔 수 없이 가죽이나 식량을 제공할 다른 누군가에게 노동력을 팔아야 하는 것.

여기서 마르크스는 어떤 사람들은 자본을 소유하고 있는 반면에 또 어떤 사람들은 고작 자신의 노동력만 소유하고 있는 이유를 파헤쳐 설명하려 들지는 않지만, 그런 상황이 자연스럽지 못하다는 데 주목한다. 그것은 '수많은 경제적 변혁의 산물이자 과거의 전반적인 사회적 생산 구조의 소멸이 낳은 결과물'이다. 한 걸음 더 나아가 자본의 존재는 모든 세계역사를 발전시킨 역사적 전제조건 속에 뿌리를 두고 있으며, '처음부터 사회적 생산 과정의 신기원을 선언'한다.

그렇다면, 노동력의 가치는 어떻게 결정되는가? 노동력의 가치는 노동력 그 자체를 생산하고 재생산하는 데 필요한 노동시간의 양에서 창출되며, '노동력 소유자의 생명 유지와 존속에 필요한 생활수단의 가치'다. 다시 말하면, 노동력의 가치는 다른 상품들의 경우와 마찬가지로 특수한 상품(노동력)의 생산과 재생산을 위해 투하된 노동시간에 의해 결정되고, 결국에는 생존수단의 생산에 필요한 노동시간으로 귀착된다. 따라서 생존(또는 최저생활 유지)의 의미를 어쩔 수 없이 정의하려면 역사적이고 도덕적인 요인들을 검토해야 한다. 생존수단은 노동자에게 수입(임금소득) 형태로 지불되어야 한다. 만약 노동력의 가격이 생존비용을 밑돌게 되면, 노동력이 정상적인 요율로 거래되고 유

지될 수 없기 때문에 노동력의 가격은 그 가치 이하로 떨어
진 것이다.

　　마르크스는 자본주의가 사회제도 속에 뿌리내리는 방
식을 논의하는 데 많은 시간을 할애한다. 자본주의는 자연
발생적이기보다는 사유재산법과 같은 사회구조에 의존하
는 인위적인 제도다. 마르크스 이론에서 매우 중요한 하나
의 사회적 핵심요소는 노동자들이 생존하는 데 필요한 물
건을 얻기 위해 노동을 해야 하지만 생산수단을 소유하지
않기 때문에 생산수단을 소유한 사람들에게 노동을 팔아
야 한다는 것이다. 좀더 정확히 표현하자면, 노동자들은 노
동력을 상품 형태로 팔아넘김으로써 그것에 대한 소유권을
일시적으로 포기할 수 있고, 노동력이 없으면 생산이 불가
능한 생산수단 소유자는 노동자의 노동력을 사게 되는 것
이다. 그 결과, 노동자들은 자기들이 생산한 상품을 소유하
지 않고, 생산수단 소유자가 그들의 노동과 그 노동의 생산
품을 소유한다. 여기서 노동자들이 자기 노동으로부터 소외
되는 결과가 나타난다. 자기들이 생산한 제품들을 판매하
거나 소유할 수 없는 것. 마르크스의 이론체계에서 노동력
은 시장에 나온 상품이기 때문에 노동력의 가치도 다른 상

품들과 똑같은 방식으로 결정되고, 자본가들에 의해 생산 과정에서 다른 상품으로 이용된다.

마르크스의 노동가치 이론은 노동력이란 상품을 검토할 때 매우 중요하다. 망치 한 개의 가치는 그것에 투여된 노동량으로 결정된다. 그렇다면, 노동가치란 무엇인가? 마르크스는 '노동력을 생성하고 유지하기 위해 요청되는 노동량'이라고 정의한다. 좀더 쉽게 설명하면, 노동자가 계속 생활을 유지하면서 능력껏 노동을 수행하기 위해 필요로 하는 노동량이다. 예를 들어, 어느 노동자가 생계와 정상적인 노동기능을 유지하는 데 주당 100달러가 소요된다고 가정한다면, 그가 지닌 노동력의 가치도 역시 주당 100달러이다. 이때 노동자의 '가격'(임금)은 제값을 받으려면 최소한 100달러는 되어야 한다. 이 개념은 마르크스가 노동착취의 발생 가능성을 보여주려고 하는 다음 장에서 매우 중요하다.

Chapter 7
노동과정과 그 공정가격의 설정 과정

이 장의 앞부분(1절)에서 마르크스는 노동과정을 분석하고자 한다. 자본가는 노동력을 사용하기 위해 구매한다. 따라서 노동력을 구매하는 사람은 그 노동력을 태동시키는 셈이고, 판매자는 노동자가 되어 일정한 사용가치를 창출하지 않으면 안 된다. 우선 간단하게 노동과정 자체를 살펴보자. 노동이란 인간과 자연 사이의 교류과정으로서, 인간은 자연 질료를 변환시켜 자신의 필요에 부합하도록 매개-규제-통제하고, 이것을 통해 자신의 성격과 본질을 변화시킨다. 인간의 노동과 동물의 본능적인 노동은 분명히 다르다. "인간 최악의 건축가가 최고의 건축가인 벌들보다 나은 점은 "건축가는 밀랍으로 벌집의 구멍 하나를 짓기 전에 마음속으로 먼저 지어본다"는 것이다. 동물은 주어진 자연 그대로를 이용해 살아가지만, 인간은 자연에 노동을 가해 그 형태를 변화시킬 뿐만 아니라 자신이 의식하고 있던 목적을 실현시키는 것이다. 그 작업에는 자기의 의지를 복종시켜야 하고, 힘껏 집중해야 한다.

마르크스는 노동과정의 세 가지 '기본' 요소는 노동 자체, 노동의 대상, 노동수단이라고 말한다. 노동대상에는 잡힌 물고기, 벌목된 원목처럼 노동에 의해 단순히 자연과의 직접적인 연결이 분리된 것들도 모두 포함되지만, 그 대상물은 추출된 철광석의 예처럼 노동에 의해 어떤 방식으로든지 변화된 경우에만 '원자재'가 된다. 노동수단은 연장처럼 노동자의 활동이 어떤 대상물에 가해지도록 이끄는 것이고, 광의적으로는 작업장이나 도로처럼 노동과정을 수행하는 데 필요한 조건들도 포함된다고 볼 수 있다. 그런 연후에 그 노동과정은 원자재를 제품으로 변화시키고 사용가치를 생산해낸다. 노동은 그 대상물과 '밀접한 관련을 맺게' 되는데, "노동이 구체화되고, 그 대상물에는 계속 작업이 가해지는 것." 이전 노동의 산물들인 다른 사용가치들 역시 하나의 생산수단으로서 현재의 노동과정 속으로 편입된다. 하나의 사용가치가 하나의 원자재, 하나의 노동수단, 아니면 하나의 생산물로서 취급되어야 할 것인지의 여부는 단순히 노동과정에서 그것이 차지하는 기능에 의해 결정된다. 노동은 생산품을 만들기 위해 또 다른 생산품을 소비한다. 따라서 추상적 형태를 지닌 노동과정은 사용가치를 창출하려는 목적 지향적 활동일 뿐만 아니라 모든 인간사회에 공통된 것이다.

그 다음으로 마르크스는 이른바 장래의 자본가들로 눈을 돌린다. 노동과정에 필요한 모든 요소들, 즉 생산수단과 노동력을 방금 구입한 잠재적 자본가는 노동자에게 노동을 통해 생산수단을 사용하도록 만들어 구입한 노동력을 소비한다. 노동과정 초기에는 생산양식은 변수가 아닌 상수로 간주되어야 하고, 자본가는 으레 노동자를 있는 그대로 받아들인다. 자본가가 노동력을 소비할 때, 노동과정은 두 가지 주요 특징들을 지니게 된다. 첫째, 노동자는 자본가의 지배 아래 놓이고, 노동자의 노동은 자본가의 것이 된다. 둘째, 노동자의 노동산물(노동력의 사용가치)은 노동자가 아니라 자본가가 소유한다.

이 장의 둘째 부분(2절)에서는 노동력의 가격설정 과정인 가치창출을 다룬다. 자본가들은 사용가치를 위해 사용가치를 생산한다기보다는 교환가치를 지니고 있는 경우에 한해서만 생산한다. 게다가 그 결과물을 생산하기 위해 투여했던 상품들의 가치 총량보다도 더 큰 가치를 지닌 상품을 원한다. 즉 잉여가치를 원하는 것. 따라서 지금부터는 상품의 생산을 하나의 가치창출 과정으로서 살펴보자.

상품의 가치는 '그 상품의 사용가치 속에 실체화된' 노동량에 의해 결정되기 때문에 우리는 그 상품 속에 얼마나 많은 노동시간이 객관화되는지를 반드시 살펴보아야 한다.

우리는 원자재를 만드는 데 요구되는 노동과 최종 생산물을 만드는 데 요구되는 노동을 동일한 노동과정의 일부로서 취급할 수 있다. 따라서 상품가치의 일부는 생산수단의 가치로부터 생겨난다. 이러한 맥락 속에서는 모든 종류의 노동이 동일한 성격을 지닌다는 사실을 명심해야 한다. 우리는 더 이상 노동의 질이나 성격에 대해서는 관심을 갖지 않고, 노동의 양에만 관심을 가질 뿐이다. 제품의 전체 가치는 그것에 투하된 노동의 총량과 같다. 이러한 결과는 마치 잉여가치가 전혀 존재하지 않는다고 암시하는 것처럼 보일 수 있다. 왜냐하면 완제품의 가치는 투하물 전체의 가치와 같기 때문이다.

그러나 잉여가치는 존재한다. 이것은 노동력의 유지비용이 작업중인 노동력의 지출비용과 다르다는 사실에서 비롯된다. 전자는 노동력의 교환가치를 결정하고, 후자는 그 사용가치를 결정한다. 한 명의 노동자가 먹고살려면 반나절의 노동이 필요하다는 사실은 그 사람이 반나절 이상 일할 수 없다는 의미는 아니다. 자본가는 이러한 차이점을 잘 활용해서 노동자에게 하루치 노동의 가치를 지불하고 온 종일 그 노동력을 전유한다. 그러나 노동자의 생존비용이 단지 반나절 노동에 해당한다고 치면, 하루치 노동력의 가치는 고작 반나절 노동이고, 자본가는 반나절의 생존비용으로 하루치 노동력의 가치를 지불할 수 있다. 이렇게 되면, 나머지 반나절 노동은 지불된 노동력의 가치를 초월하기 때문에 잉여가치가 창출되는 것이다. 따라서 노동이 창출한 가치는 자본가가 지불한 가치의 두 배에 해당한다. "이러한 시장 상황은 노동력 구매자에게는 행운이지만, 노동력 판매자를 부당하게 대우하는 것은 결코 아니다"고 마르크스는 지적한다. 자본가는 그가 사용하는 모든 상품에 대해 제값을 지불했고, 그런 연후에 상품의 사용가치를 소비했다. 그러나 노동의 사용가치와 교환가치 사이의 비대칭으로 인해 자본가는 이윤을 창출하는 것이다.(임금노동으로 생산하는 상품의 가치량은 사실상 자본가가 노동자에게 지불하는 임금보다 훨씬 크다. 이러한 노동생산물의 가치와 노동가치의 차이가 잉여가치인데, 본래는 노동생산물이지만 자본가에게 착취되어 자본의 원천이 된다. 잉여가치로부터 자본가의 이윤, 이자, 지대 등, 이른바 소득형태가 파생된다.)

이 장은 노동과정의 성격에 대한 논의로 시작된다. 마르크스에 따르면, 노동이란 인간의 본질을 규명하는 데 꼭 필요한 요소다. 노동방식이 생활방식을 규정한다는 것. 노동방식 때문에 동물들과 구별되는 인간은 자기들의 노동생산물과 특별한 관계를 맺는다. 이 장에서 마르크스는 생산

과정의 작동원리와 한 발 더 나아가 특히 자본주의 구조의 작동원리를 이해하기 위한 도식(圖式)을 내놓으려고 시도한다.

마르크스의 노동가치설이 재등장하는 것은 외관상의 역설을 설명하기 위해서다. 자본가는 하나의 상품을 만드는 데 필요한 모든 투입물(노동력, 원자재 등)을 제값에 구입하고, 최종 생산물을 제값에 판매한다. 만약 이것이 사실이라면, 잉여가치는 도대체 어디에서 도출되는 것일까? 만약 잉여가치가 생겨나지 않는다면, 자본주의는 존재할 수 없다. 자본주의의 생명에 해당하는 이윤이 창출되지 않기 때문이다. 마르크스는 노동력의 특성을 독창적으로 분석해 그 해답을 내놓는다. 노동력의 사용가치(노동력의 생산물)는 노동력의 교환가치(노동자를 존속시키기 위해 요구되는 가치)와 동일하지 않다. 노동자는 제값을 받고 자신을 팔지만 그 가치보다 많이 생산하고, 이런 방식으로 자본가는 잉여가치를 획득한다. 이 사실은 의미심장하다. 자유롭게 형성된 연속적인 거래의 결과로부터 어떻게 착취가 발생할 수 있는지를 설명해 주기 때문이다. 가령 노동자는 자기가 생산한 것의 가치만큼 보수를 받지 못한다고 불평할 수도 있겠으나, 자본가는 노동자가 제값을 받고 있다고 항변할 수 있다. 일단 노동자가 하루 노동의 대가를 받으면, 자본가는 하루 종일 그 노동자를 사용할 수 있는 권리를 갖는다. 정의는 모든 시대에 적용되는 전반적인 생산양식의 일부이고, 그 결과 이러한 교환행위는 '정당하다'고 여겨질 수 있다.

어째서 노동자들은 그런 착취를 참고 있을까? 노동자들은 자기들의 노동력으로 생산한 가치에 상응하는 더 높은 임금을 요구할 수는 없을까? 마르크스의 대답은 의외로 간단하다. 노동자들은 자본가들이 없으면 일할 수 있는 능력을 갖지 못하고, 공장과 다른 생산수단들을 필요로 한다. 그들은 단지 노동할 수 있는 추상적 능력을 판매하고, 이런 이유 때문에 자본가들은 노동력의 가치만 지불하고도 노동자를 착취할 수 있는 것이다. 마르크스가 노동시장에 대해 구체적으로 펼치는 설명이 과연 정당한지 곰곰이 검토해 보라. 노동자들은 과연 착취에 맞서 싸울 능력과 생산물의 가치 수준으로 임금을 상승시킬 수 있는 전략을 갖추고 있는가? 이 질문에 대해 역사적인 관점과 이론적인 관점에서 생각해 보자.

Chapter 10
노동일

우리는 노동력이 그것을 생산하는 데 필요한 노동시간에 의해 결정된 노동의 가치로 매매된다고 추단해 왔다. 그러나 노동자의 생존에 필요한 노동량이 항상 노동일의 길이와 똑같지는 않다. 필요한 노동시간을 초과한 노동시간은 잉여노동에 해당한다. 따라서 노동일은 잉여노동량에 따라 변하는 변량(變量)이지만, 일정한 한계범위 내에서만 변할 수 있다. 노동일에는 실제 최소한도란 존재하지 않고, 자본주의 체제의 본질상 반드시 잉여노동이 생겨나며 영(零)에 점진적으로 다가갈 수는 있지만 완전히 도달할 수는 없다. 노동일의 최대한도는 노동력의 육체적 한계와 다른 의무들을 수행해야 할 필요성 같은 정신적 제약들에 의해 제한된다.

자본가는 이 문제에 대해 매우 독특한 견해를 가지고 있다. "자본가는 인격화된 자본에 불과할 따름이다. 그의

영혼은 자본의 영혼이다." 자본가가 추구하는 것은 잉여가
치를 창출하고 생산수단이 가능한 한 많은 잉여노동을 흡
수하도록 만드는 것이다. 만일 어느 노동자가 처분에 맡겨
진 시간을 자기를 위해 활용한다면 자본가의 물건을 훔치
는 셈이 된다. 왜냐하면, 자본가는 잉여노동을 먹고 살기 때
문이다. 따라서 자본가는 노동자의 사용가치로부터 가능한
한 최대의 이윤을 짜내려고 노력한다.

그러나 노동자는 얼마만큼의 노동을 해야 할 것인지에
대해 나름대로의 관점을 가지고 있다. 노동자의 노동력은
가치를 창출한다는 측면에서 다른 상품들과는 다르다. 노동
자의 관점에서 보면, 자본가들의 요구는 노동력의 과도한
지출로 비춰진다. 예를 들어, 자본가는 노동자가 회복하는
데 사흘이 소요될 노동력을 하루에 사용할 가능성도 있다.
"내 노동력을 사용하는 것과 내 노동력을 도둑질하는 것은
전혀 별개의 일이다." 노동자는 자본가가 고작 하루치 임금
만 지급하고 사흘치의 노동력을 쓰면 안 된다고 주장하고,
다른 모든 판매자와 마찬가지로 자기 상품의 가치를 요구
한다.

이러한 경우에 양측은 상품교환의 원리에 근거해서 똑
같이 정당한 권리—노동일을 가능하면 연장하려고 드는 구
매자(자본가)로서의 권리와 노동일을 일정한 표준적인 길
이로 제한하려고 드는 판매자(노동자)로서의 권리—를 지

닌다. 여기서는 힘이 해결책이 될 것이고, 자본주의적인 생산의 역사는 자본가 계급(총자본)과 노동자 계급(총노동) 사이에 나타나는 그러한 긴장관계를 반영하고 있다.

카를 마르크스의 저서 속에 흐르는 중요한 주제는 계급긴장이다. 마르크스에 따르면, 모든 역사는 계급투쟁에 의해 규정되어 왔다. 이러한 점에서는 근대 역시 다르지 않고, 자본가와 노동자 사이의 긴장에 의해 규정된다. 마르크스는 이 장에서 (이미 7장에서 다룬) 노동력의 사용가치와 교환가치의 비대칭을 다시 한 번 언급하면서 그 긴장관계의 근원 하나를 심도 있게 설명한다. 이 갈등 구조에서는 자본가들이 더 강한 계급이기 때문에 더 많은 권력을 행사하고 노동자들에게 지급할 내용물을 규정할 수 있다. 그러나 자본가들이 더 강하다고 해서 단순히 구매 교섭력을 더 주는 것은 아니고, 그들의 요구를 지원하기 위해 사유재산법 같은 사회제도가 확립되는 것이다. 생산양식은 자본주의의 경제체제를 반영하고, 앞으로도 계속 그럴 것이며, 끊임없이 자본가에게 호의를 보이다가 급기야는 자멸할 것이다.

자본가들은 예측을 벗어나서 달리 행동할 수 없는 족속이고, 자본가들과 노동자들 사이에는 항상 긴장상태가 존재하리란 점을 깨닫는 것이 중요하다. 자본가들의 본질은 잉여가치를 획득하려는 욕망이다. 자본가들이 그렇게 할 수 있는 유일한 방법은 노동자들이 생산해낸 생산물에 대해 온전한 가치를 지급하지 않음으로써 노동자를 착취하는 것뿐이다. 자본가는 살아남기 위해 착취하지 않으면 안 되기 때문에 노동자와 자본가 사이의 긴장은 구조적이다. 자본주의 체제는 착취를 요구한다. 노동자들의 곤경을 완화시키려는 최저임금제나 복지제도 같은 정책적 조치들은 미봉책에 불과하다. 왜냐하면, 그러한 제도 따위가 자본주의자의 본질을 변화시킬 수는 없기 때문이다.

Chapter 14
노동분화와 매뉴팩처

마르크스는 "매뉴팩처(공장생산 형태)의 자본주의적 특성"이란 제목이 붙은 절에서 근대적인 노동의 분화(분업)가 점점 많은 노동자들을 한 사람의 자본가 밑에 예속되지 않으면 안 되게 만든다고 지적한다. 자본가가 소유하고 있는 자본량은 최소한이라도 반드시 끊임없이 증가해야 한다. 노동자는 이러한 제조업이 발전하면서 변형된다. 특정한 작업에 적응하기 위해 점차 정체성의 일부를 잃어가고, 필연적으로 대형 기계의 부속품이 될 수밖에 없는 것. 마르크스에 의하면, 노동자는 물질적 생산과정에서 나타나는 지적 가능성들—다른 자본가의 재산이나 노동자에게 군림하는 권력—과 직접 대면하게 되고, 점진적으로 개별적인 생산력이 무력해진다. 자본가들은 노동자들이 지닌 상상력을 위축시키고 싶어하며, 기계처럼 만들어버린다. 이처럼 매뉴팩처는 노동자 개인의 존재기반을 공격하고, 산업적 병리

현상에 물질과 추진력을 제공하는 최초의 인위적인 경제구
조물이다.

매뉴팩처는 본래 저절로 발전되지만, 시간이 흐르면서
'의식적이고, 방법론적이고, 체계적인' 자본주의적 생산형
식이 된다. 노동의 분화는 특히 자본주의적인 형태의 사회
적 생산이다. 노동자를 희생양으로 삼아 잉여가치를 창출하
는 방법이고, 문명의 진보에 필요한 부분일 뿐만 아니라 보
다 세련된 노동자 착취방식인 것. 초기 제조업 시절에는 노
동의 분화를 저해하는 장애물들이 존재하지만, 기계의 도래
와 함께 옆으로 밀려나고 자본이 중심무대를 차지하게 된다.

첫째, 마르크스가 노동의 분화라는 말을 통해 전달하
려는 내용을 정확히 이해하는 것이 중요하다. 노동이 분화
되면서 노동자들은 한 가지 일만 전문적으로 다루고 협업
을 통해 상품을 생산한다. 예를 들면, 의자를 만들 경우, 한
사람은 목재를 자르고, 한 사람은 조립하고, 한 사람은 페인
트칠을 하는 것. 이때, 그들 각자는 자기 일만 할 뿐이고, 그
최종 생산물에 대해서는 어느 누구도 책임을 지지 않는다.
분업은 한 사람에게 완제품을 만들도록 하는 것보다 효율
적이라고 생각되며, 산업혁명의 중요한 측면으로 여겨진다.

마르크스가 노동이 인간에게 필수불가결한 요소라고 믿는 점을 감안한다면, 노동방식의 변화 같은 것을 얼마나 중요하게 여길지는 어렵지 않게 짐작할 수 있다. 마르크스에 따르면, 분업이 개별 노동자들에게 미친 영향력은 참혹하기 그지없다. 날마다 똑같은 일을 반복하도록 강요받다 보면, 상상력은 짓눌려 기를 펴지 못하고, 노동자들은 거의 기계나 다름없는 존재가 되고 만다. 마르크스는 매뉴팩처와 노동분화가 개인에게 자행했던 일을 혹독하게 비판하지만, 마르크스만 그런 것은 아니었다. 예를 들면, 자본주의의 주축이자 고전 경제학의 아버지로 유명한 애덤 스미스는 노동의 분화가 노동자들에게 끼치는 악영향에 대해 커다란 우려와 관심을 표했고, 해결방안으로는 대중들에게 좀더 나은 교육을 받도록 권장했다. 마르크스는 이러한 스미스의 견해를 언급하면서도 교육이 적절한 해결책이라고는 생각하지 않는다. 노동의 분화에 대한 스미스나 마르크스의 비판이 얼마나 설득력 있게 느껴지는가? 자본주의 내부에 이 문제에 대한 해결책이 존재한다고 생각하는가?

다음 질문에 대해 간단히 서술하시오.(―부분은 참고만 할 것)

1. **M-C-M′ 순환구조 속에서 M′가 M보다 더 큰 이유는 무엇인가?**

   ― 한 사람의 자본가가 일단의 상품들(예를 들면, 노동과 원자재)을 제값에 구입하고, 나중에 그것들을 제값에 팔아 이윤을 남기는 경우를 묘사하는 M-C-M′ 순환구조는 처음에는 모순된 것처럼 보인다. 도대체 이윤이라는 가욋돈이 어디서 생겨나는 것일까? 그 대답은 잉여가치라는 관념에서 도출된다. 잉여가치는 자본가가 M-C-M 순환의 마지막에 얻게 되는 초과액(M′)이다. 자본가는 상품들을 구입할 때 충분한 가격을 지불한다.(M-C) 따라서 잉여가치를 얻기 위해서는 그 상품들 하나의 사용가치(소비)를 통해 반드시 가치를 창출할 수 있어야 한다. 자본가가 처음 가지고 시작했던 M보다 더 많은 M(C-M′)을 얻으려면 이 방법밖에는 없고, 실제로는 노동력으로부터 생긴다. 노동력의 가치는 노동자가 계속 제 역할을 다하도록 만드는 데 소요되는 돈의 양이다. 그러나 자본가는 노동력을 소비할 때, 노동력의 가치보다 훨씬 많은 총가치를 받을 수 있다. 따라서 생산물을 제값에 팔면, 자본가는 이윤을 얻는다. 이렇게 되면 노동자는 착취당하는 것이지만, 생산수단을 보유하고 있지 않아서 혼자 힘으로는 작업할 수 없기 때문에 달리 어쩔 도리가 없다.

2. 마르크스에 따르면, 노동자들의 이익과 자본가들의 이익 사이에 타협의 여지가 존재하는가?

— 마르크스는 타협의 여지가 거의 없다고 하면서, 자본주의의 해악들은 그 체제의 본질적 구조를 보전하는 개혁을 통해 제거될 수 있다고 믿는 사회주의자들을 사실상 비판했다. 자본가의 이익은 노동자의 이익과 직접 충돌한다. 천성적으로 자본가는 끊임없이 이윤을 팽창시키려고 노력하지만, 노동자의 노동이 창출하는 잉여가치를 착취해야만 가능한 일이다. 착취를 없애려면 자본가를 제거해야 한다. 따라서 타협은 불가능하다. 게다가 사회체제 전체는 자본가들의 이익을 보호하고 보전한다. 법률제도와 사회구조도 자본가들이 만들었기 때문에 그들 자신의 생산양식을 보전하려고 든다. 마르크스가 반드시 일어날 것이라고 믿는 자본주의의 전복은 사회체제 전체를 격렬하게 파괴하는 일이 되어야 할 것이다.

3. 노동가치론이란 무엇인가? 이 이론을 겨냥해서 취해질 수 있는 비난들은?

— 노동가치론은 교환가치의 개념에서 시작한다. 다양한 상품들 사이의 관계를 반영하는 교환가치는 한 가지 상품의 얼마만큼이 또 다른 상품의 가치와 맞먹는지를 따지는 것이다. 그러나 이 상품들이 어떻게든 비교될 수 있다면, 그것들 사이에는 틀림없이 무언가 공통점이 있다. 예를 들면, 책상 하나를 의자 두 개의 값어치가 나가도록 할 수 있는 것은 무엇인가? 마르크스의 대답은 그것들을 생산할 때 소요되는 노동량이 똑같다는 것이다. 이 노동량이 바로 그 책상과 의자들이 공유하는 가치이고, 이 가치로부터 그것들의 교환가치가 나온다. 마르크스는 이 가치이론을 노동자에 대한 착

취와 자본의 순환구조를 검토할 때 이용한다. 이 이론에 대해 나타남직한 비판 하나는 그것으로는 모든 종류의 교환가치를 제대로 설명하지 못한다는 점이다. 마르크스는 노동이 전혀 투하되지 않기 때문에 가치는 없지만 사용가치는 보유한 몇몇 사물들이 존재한다고 말한다. 그 예로서는 삼림 같은 것을 꼽을 수 있지만, 실제로는 교환가치를 지닌다. 마르크스는 이런 사물들이 어떻게 그의 전반적인 이론과 조화되는지를 밝히지 않는다. 그리고 혹자는 마르크스가 노동이론 속에 소비자의 요구에 대한 여지를 충분히 남겨두지 않는다고 주장할 수도 있다. 어떤 상품의 교환가치는 그것의 인기에 따라 천차만별일 수 있다. 투하된 노동량이 교환가치에 어떤 영향을 주도록 해야겠지만, 실제 경험에 의하면 그것만이 유일하게 영향력을 발휘하는 것은 아닌 듯하다.

4. 마르크스는 자본주의자들을 조금이라도 존경하는가? 그가 자본주의 특성들 가운데 긍정적으로 여기는 것은?

5. 노동자와 자본주의 체제의 운명 등, 〈자본론〉 속에 언급된 많은 예측들이 역사와 맞아떨어지지 않는다. 역사적 사건들의 추이는 어느 정도까지 마르크스의 이론들을 반증하는가? 오늘날에도 마르크스의 이론이 존립할 여지가 남아 있는가?

6. 일부 경제학자들은 자본주의를 인간 본성의 일부라고 설명하지만, 마르크스는 반대할 것이다. 그 이유를 설명하고, 마르크스의 주장들이 갖는 타당성을 평가하라.

7. 마르크스에 따르면, 근대 노동이 노동자들의 성격과 복지에 미친 영향력은 무엇인가? 그의 이론은 노동자들이 처한 상황에 관한 그

의 신념에 얼마나 의존하고 있는가?

8. 노동의 분화란 무엇인가? 노동의 분화는 노동자들에게 어떤 영향
을 주었는가?

9. 마르크스 이론에서 최대의 장점과 최대의 약점은 무엇이라고 생각
하는지 설명하라.

다음 질문에 알맞은 답을 고르시오.

1. 한 개의 상품에 투하된 노동량은 그 상품이 지니는 ______다.

   A. 사용가치

   B. 가치

   C. 수량가치

   D. 착취가치

2. 마르크스에 따르면, 자본주의 생산양식에서 자본가들이 노동자들보다 더 많은 권력을 차지하는 이유는?

   A. 자본가들이 생산양식을 지배하기 때문에

   B. 사회구조가 자본가들을 더 선호하기 때문에

   C. 노동자들은 단지 추상적 형태의 노동만 팔고 있기 때문에

   D. 위의 사항 모두 해당

3. 마르크스가 노동의 분화가 노동자들에게 끼치는 영향이라고 본 것은?

   A. 상상력과 개성의 상실

   B. 야망의 증가

   C. 더 많은 여가시간

   D. 보다 공평한 노동조건

4. 다음 진술 중에서 참인 것은?

   A. 어떤 물건은 가치가 없으면서도 사용가치가 될 수 있지만, 사용가치가 되지 못하면 가치가 될 수 없다.

   B. 어떤 물건은 사용가치가 될 수 없으면서도 가치가 될 수 있지만, 가치가 되지 못하면 사용가치가 될 수 없다.

C. 어떤 물건은 가치가 없으면서도 사용가치가 될 수 있지만, 사용가치가 되지 못하면 가치 있는 물건이 될 수 없다.

D. 어떤 물건은 사용가치가 없으면 가치가 될 수 있지만, 가치가 되지 못하면 사용가치가 될 수 없다.

5. 다음 모델 중에서 근대 자본주의 체제에서의 순환과정을 나타내는 것은?

A. C–M–C

B. C–C–C

C. M–C–M

D. M–C–C

6. 노동력 가치란 무엇인가?

A. 개인에게 미치는 즐거움

B. 노동자의 생계유지상 요구되는 노동량

C. 노동자가 생산하는 상품의 가치

D. 각 노동자가 사회에 기여하는 효용의 양

7. 마르크스에 따르면, 노동과정에서 기본 요소는 무엇인가?

A. 노동 자체

B. 노동의 대상

C. 노동의 수단

D. 위의 사항 모두 해당

8. 마르크스에 따르면, 노동자와 자본가 사이의 긴장관계를 해소하는 것은?

A. 힘

B. 협상

C. 신의 개입

D. 위의 사항 모두 해당

9. 〈자본론〉이 출간된 시대는?

A. 19세기

B. 18세기

C. 17세기

D. 20세기

10. 마르크스 사후에 〈자본론〉의 마지막 두 권을 출간한 인물은?

A. 블라디미르 레닌

B. 프리드리히 엥겔스

C. 요제프 스탈린

D. 존 스튜어트 밀

11. 다음 중에서 생산양식의 구성요소에 해당하는 것은?

A. 노동의 방식(기술, 협동형태, 노동의 분화 등)

B. 응용 지식 (과학 등)

C. 생산도구들(장비, 기계 등)

D. 위의 사항 모두 해당

12. 다음 중에서 생산양식의 요소가 아닌 것은?

A. 자본가들에 의한 필연적 지배

B. 생산관계

C. 생산수단

D. 해당사항 없음

13. 근대 국가는 누구의 이익에 기여하는가?

A. 노동자의 이익

B. 교회의 이익

C. 귀족의 이익

D. 자본가의 이익

14. 마르크스가 〈자본론〉을 집필하기 위해 연구대상으로 삼은 나라는?

    A. 독일

    B. 미국

    C. 영국

    D. 프랑스

15. 근대 사회에서 생산수단을 소유하는 사람은?

    A. 군인들

    B. 교회

    C. 자본가들

    D. 노동자들

16. 수목림은 어떤 종류의 가치를 지니는가?

    A. 가치

    B. 사용가치

    C. 교환가치

    D. 위의 사항 모두 해당

17. 마르크스는 어느 나라 출신인가?

    A. 독일

    B. 미국

    C. 영국

    D. 프랑스

18. 교환관계를 지닌 상품들이 갖는 공통요소는 무엇인가?

    A. 수요곡선

    B. 노동투하

    C. 사회효용

    D. 개인적 효용가치

19. 마르크스가 말하는 잉여가치의 의미는?

A. 투하요소들의 가치를 초월하는 상품의 구성요소

B. 면세상품의 가치

C. 자본주의 사회에서 노동자가 받는 임금

D. 상품소비에서 생겨나는 사회적 효용

20. C-M-C 순환구조에서 돈의 역할은 무엇인가?

A. 노동의 착취수단

B. 계속적으로 증가하는 최종 목적 그 자체

C. 교환매체

D. 위의 사항 모두 해당

21. 다음 사상가들 중에서 마르크스에게 가장 큰 영향을 미친 인물은?

A. 헤겔

B. 버크

C. 아리스토텔레스

D. 롤스

22. 다음 중에서 C-M-C 순환구조의 특징이 아닌 것은?

A. 최종 생산물은 사용가치다.

B. 화폐의 역류가 없다

C. C-M과 M-C 요소를 갖는다.

D. 최종 생산물은 교환가치다.

23. 자본주의의 발달 과정에서 매뉴팩처가 행한 역할은 무엇인가?

A. 자본제의 발달을 저해했다.

B. 자본주의가 발달한 이후에 출현했으므로 자본제 발달에 아무런
   기여를 하지 못했다.

C. 자본제의 발달을 촉진했다.

D. 해당사항 없음

24. **노동자가 참 가치의 임금을 받기 위해서는?**

A. 노동자의 임금이 노동자의 노동을 통해 산출되는 상품의 가치
와 동일해야 한다.

B. 노동자의 임금이 노동자가 자기의 기능을 유지하기 위해 필요로
하는 화폐액수와 동일해야 한다.

C. 노동자의 임금이 노동자가 생산하는 상품의 사회가치와 동일해
야 한다.

D. 노동자의 임금이 자유롭고 평등한 교환체계에서 노동자와 자본
가가 합의하는 가치와 동일해야 한다.

25. **노동의 분화가 인간의 성격에 미치는 영향에 대해 마르크스와 유사
하게 진단한 인물은?**

A. 아리스토텔레스

B. G. W. F. 헤겔

C. 에드먼드 버크

D. 애덤 스미스

정답

1. B   2. D   3. A   4. A   5. C   6. B   7. D   8. A   9. A   10. B

11. D   12. A   13. D   14. C   15. C   16. B   17. A   18. B   19. A   20. C

21. A   22. D   23. C   24. B   25. D

一以貫之 논술노트

카를 마르크스와 〈자본론〉　○

실전 연습문제　○

一以貫之는 '논어'에 나오는 말로 '모든 것을 하나의 이치로 꿴다'는 뜻입니다.

논술의 주제와 문제 유형, 제시문들은 참으로 다양하고 가지각색입니다. 그러나 그 모든 것을 하나로 꿸 수 있습니다. '인간사회의 보편적 문제들에 대한 근원적인 물음에 답하는 자기 나름의 견해'라는 것이지요. 논술은 인간이면 누구나 부닥치는 개인적 또는 사회적 문제들에 대한 자기 나름의 고민이자 성찰입니다. 논술은 자기견해, 자기 가치관, 자기 삶에 대한 솔직한 고백입니다.

一以貫之 논술연구모임은 '자신의 물음'과 '자신의 생각'을 갖고 '자신의 글'을 쓸 수 있도록 도와줍니다.

〈집필진〉
송태수, 김재년, 이호곤, 우한기, 박규현, 김법성, 김병학, 도승활, 백일, 우효기, 조형진

카를 마르크스와 〈자본론〉

1. 마르크스와 자본론에 대한 양극단적인 이해

마르크스는 1818년 5월 5일 독일 남부 트리어에서 태어나 1883년 3월 14일 런던에서 세상을 떠났다. 1843년 예니 폰 베스트팔렌과 결혼했고, 일곱 명의 자녀를 낳았지만 딸 셋만 생존했다.

'스파크노트'에서도 설명했지만, 마르크스는 철학자, 정치평론가, 자본주의 경제체제 연구가, 고전파 경제이론 비판가 등으로 다양하게 분류된다. 마르크스의 인생과 사상을 예언자, 교사, 사회학자, 경제학자 등 네 부분으로 나눠 묘사하기도 하는 슘페터 Joseph A. Schumpeter 같은 경제학자는 특히 경제학자로서의 마르크스에 대해서는 지지자들이나 반대자들이 그의 업적을 놓고 오해하는 일이 자주 발생한다고 지적한다. 마르크스 지지자들은 그의 저작을 '전문적인 경제이론'의 테두리 안에서 접근하는 것을 일종의 모독으로 여기는 반면, 비판자들은 '다른 사람이 제시했다면 대단히 높게 평가되었을 이론적 논의조차 마르크스 저서의 어느 한 부분에서 취급될 때는 도저히 용납할 수 없는 것'으로 단정하고 몹시 격분한다는 것. 마르크스의 이론에 대한 평가는 비단 경제학뿐만 아니라 철학, 사회학, 정치학, 역사학 등의 분야에서도 극단적으로 갈라진다.

우리는 이병주의 소설 〈산하〉에 나타나는 마르크스에 대한 평가의 한 단면을 통해 우리 사회의 희화적 비극을 읽을 수 있다.

"〈공산당 선언〉이란 걸 읽은 적이 있소?"

"소련을 조국이라고 한 선언 아닙니까? 그따위 것은 읽지 않습니다."

"마르크스의 〈자본론〉을 읽은 적은?"

"마르크스도 한때 자본주의를 숭상하고 그것을 연구한 때가 있었던 모양입니다. 〈자본론〉이란 그때 그가 쓴 것인데, 자본주의를 연구하는데 변절한 마르크스의 〈자본론〉을 새삼스럽게 읽을 필요가 있습니까?"

2. 마르크스의 삶과 저작

마르크스의 삶은 크게 세 시기로 나눌 수 있다. 이를테면, 청년기 정치활동을 시작한 헤겔주의자의 시기(1818-41), 박사학위 논문 제출 및 "라인(Rhein) 정치·상공업신문"에서의 본격적인 저작과 정치평론 활동 이후 공산주의에 대한 사상적인 이론 작업과 신념을 확립한 시기(1842-49), 런던 망명 이후 정치경제학을 본격적으로 연구한 시기(1849-83)다.

1) 청년기와 정치활동의 시작(1818-41)

마르크스는 실로 방대한 저작을 남겼다. 1835년 트리어에서 인문계 고교를 마친 후 법학을 전공하기 위해 본으로 갔으나, 1년 후 베를린의 훔볼트 대학으로 옮겼다. 훔볼트 대학 철학과에는 헤겔이 1831년 죽기 전까지 재직하고 있었으며, 베를린은 그야말로 당대 독일(프로이센) 제국과 유럽의 철학 메카였다. 청년 헤겔주의자가 광범위하게 형성되어 있던 그곳에서 마르크스의 주된 관심사는 법학보다는 철학과 역사학이었다. 1841년 예나 대학에서 "데모크리토스와 에피쿠로스의 자연 철학의 차이"라는 논문으로 철학 박사 학위를 받은 마르크스는 대학 교수 자리를 염두에 두

고 본 대학으로 옮겨갔지만, 프로이센 정부는 좌파 헤겔주
의자 그룹의 이론적 지도자였던 그에게 학문의 길을 허용
하지 않았다. 당시 왕정 옹호파와 급진파에 이르기까지 정
치적으로 광범위했던 자유주의자들은 연합기관지 "라인 정
치경제신문"을 쾰른에서 창간했다. 1842년 1월 창간 주도
그룹에 속했던 마르크스는 같은 해 10월부터 신문의 총책
임자로 활약했다. 프로이센 제국과 라인 지역의 쾰른 지방
정부는 강도 높은 검열을 통해 편집 방침을 규제했고, 과도
한 검열로 인해 신문의 논조가 심각하게 영향을 받게 되자
1843년 4월 초 마르크스는 더 이상 신문 발행의 의미를 찾
지 못하고 폐간한다.

2) 사상적 전향(1842-49)

결혼 후 파리로 옮겨간 마르크스는 루게 Arnold Ruge
와 함께 독일어와 불어로 동시에 발행되는 "독불(獨佛) 연
보"를 책임지고 있었다. 그러나 가톨릭 전통에 휩싸인 프랑
스 사회주의자와 공산주의자들은 무신론자인 독일인들과
똑같은 관점을 유지하기가 어려웠기 때문에 연보는 제1호
만 독일어와 불어로 발간되고 제2호부터는 독일어로만 발
간되었다. 헤겔 철학과 부르주아 민주주의 전통에 머물고
있던 루게가 편집 방향 등에서 이견을 보이기 시작하자 마

르크스는 자본주의 경제체제 연구와 정치경제학 비판에 몰두했고, 프랑스 사회주의자들과의 논쟁을 통해 독자적으로 공산주의 사상을 발전시켰다. 마르크스는 경제체제에 대한 첫 연구서인 〈1844년의 경제학 철학 수고〉에서 헤겔 철학의 중요한 문제의식인 '소외'를 '소외된 노동'에 대한 이론으로 발전시켰다.

마르크스는 〈경제학 철학 수고〉를 미완으로 남겨놓은 채 당시의 사회운동에 커다란 영향을 미치고 있던 청년 헤겔주의자와의 논쟁을 본격화한다. 그 결실로 완성된 저작이 엥겔스와 공동 집필한 〈신성(神聖) 가족〉(1844)이다. '신성한 가족'이란 헤겔주의 전통에서 벗어나지 못하고 관념성을 중시하는 청년 헤겔주의자 집단을 은유한 것이다. 뒤이어 인간 역사의 '실질적인' 발전 과정을 밝히게 되는 〈독일 이데올로기〉(1844)도 엥겔스와 공동 집필했다. 마르크스와 엥겔스에 따르면, 역사란—헤겔주의자들의 주장처럼—'정신의 발전 과정'이 아니라 인간의 실천과 사회적 관계의 역사이고, 특히 노동 분업이 어떤 식으로 이루어지는가가 역사 발전을 규정하는 요인이라는 것. 브뤼셀에 망명해 있던 마르크스는 1847년 〈철학의 빈곤〉을 통해 당시 프랑스 철학자이자 사회운동가인 프루동 Proudhon의 정치경제 이론이 지닌 문제점을 지적했다.

유럽의 1848년은 혁명의 시기였다. 프랑스 2월 혁명을

계기로 유럽은 정치적 동요에 휩싸였다. 마르크스는 1847
년부터 바이틀링 Wilhelm Weitling이 주도하던 '사회주의
동맹'에 가입해서 '공산주의동맹'으로 명칭을 바꾼 뒤 조직
강령을 정초했는데, 그것이 유명한 1848년의 "공산당 선언"
이다. 그러나 프랑스 2월 혁명으로 대표되는 유럽 정세는
현장에서의 실천을 통해 혁명을 맞이하려던 마르크스에게
크나큰 좌절을 안겨주었다. 공화정, 제정, 왕정 등이 번갈
아가며 혁명 주도권을 빼앗고 빼앗기는 과정에서 만들어진
정치권력의 계급적 색채 역시 대지주, 금융자본가, 산업자
본가, 혹은 무산 계급(프롤레타리아)으로 쉴 새 없이 변화
되어 갔지만, 유산 계급(부르주아지)의 기회주의적 행동과
프롤레타리아의 미숙한 역량 때문에 혁명은 실패했고 프랑
스를 비롯한 전 유럽에는 반동(反動)의 시기가 내습해 왔던
것이다. 프로이센 라인 지방 혁명운동의 지도자 가운데 한
사람으로 활약하던 마르크스는 기관지인 "신(新)라인 신문"
을 책임지고 발간했으나, 1849년 5월 프로이센으로부터 국
적을 박탈당하고 축출되면서 신문은 폐간되었다. 파리에서
도 브르타뉴 공국의 신민이 되지 않으면 국적을 부여할 수
없다는 지침에 직면한 마르크스는 결국 런던으로 망명을
결행했다.

3) 런던 망명기 (1849—83)

　　런던에 도착한 마르크스는 1848년 유럽 혁명기의 경험
과 역사를 체계화했다. 〈1848-50년 프랑스에서의 계급투
쟁〉과 나폴레옹 3세의 권력 장악 과정을 상세히 분석한 〈루
이 보나파르트의 브뤼메르 18일〉(1852)이 그것이다. 마르
크스는 1848년 유럽 혁명을 경험하면서 또 다른 정치적 봉
기보다는 오히려 물질적인 토대의 성숙 속에서 새로운 혁
명의 전기를 찾으려고 노력했다. 헐벗고 굶주린 1840년대
를 마감한 자본주의 경제는 50년대 들어 성장력을 과시하
면서 '황금기'에 접어들었다. 자본주의 경제의 주기적인 부
침과 그에 따른 동요와 위기, 안정의 과정을 목도한 마르크
스는 공황과 같은 경제적 파탄의 필연성을 과학적으로 분
석해서 사회운동에 연결시키려는 구상에 착수했다. 그 같
은 정치경제학 연구가 결실을 맺어 사상적·이론적으로 체
계화된 것은 〈정치경제학 비판 그룬트리쎄(Grundrisse. 기
본개요)〉*(1857-58)부터였고, 그것에 기초해 1859년 〈정
치경제학 비판〉을 출간하면서 후속 작업을 계속하려 했으
나 이 저서에 만족하지 못하자 기존의 구상을 크게 변경하
여 새롭게 〈자본론〉 제1권(1867)을 내놓았다. 〈자본론〉은
마르크스가 탈고하고 나서 '이 책은 내가 건강, 행복, 가정
을 모두 희생하고 얻는 것'이라고 술회했을 만큼 많은 노력
을 기울인 역작이다. 1850년부터 거의 매일 아침 대영박물

관 부속 도서관으로 출근해 문을 열 때부터 닫을 때까지 자리를 지키며 연구에 몰두한 결과로 얻은 산물이었던 것.

흔히 〈자본론〉의 원형이라고 불리는 〈그룬트리쎄〉에서 구상했던 〈정치경제학 비판〉의 체계는 ① 자본, ② 토지 소유, ③ 임금 노동, ④ 국가, ⑤ 국제 무역, ⑥ 세계 시장 등 6부로 구성될 예정이었으나 실제 간행된 〈자본론〉은 ① 자본의 생산 과정, ② 자본의 유통 과정, ③ 자본주의적 생산의 총 과정으로 구성되어 있다. 마르크스는 〈정치경제학 비판〉 1장과 2장에서 각각 상품과 화폐를 다루고, 이어 두 번째 작업에서 자본에 관해 3장을 집필하겠다고 예고했지만 무려 노트 23권 분량으로 확대되었으며, 그 앞부분인 자본에 관한 이론 부분이 "정치경제학 비판: 자본에 관하여"라는 〈자본론〉 제1, 2, 3권에 해당한다. 그 뒷부분은 정치경제학 이론의 역사에 관한 부분으로, 1905년 카를 카우츠키 Karl Kautsky에 의해 〈잉여가치 학설사〉로 출간되었다.

* 1953년 MEGA(마르크스-엥겔스 전집) 작업 연구자들에 의해 출간되었다.

3. 〈자본론〉 이해

　〈자본론〉은 "정치경제학 비판"이란 부제가 명시하듯
이 당시 경치경제학 이론을 비판하기 위해 집필된 책이다.
경제학(economics)이란 용어는 1890년대에 나타났으며,
그 이전에는 정치경제학(political economics)이 오늘날 사
용되는 경제학의 의미를 대신하고 있었다. 따라서 마르크스
가 사용한 정치경제학은 현대적 어의로는 고전파 경제학*
을 지칭하며, 이 고전파 경제학의 오류와 허구를 폭로하기
위해 '정치경제학 비판'이란 표현을 쓴 것이다. 〈자본론〉은
정치경제학을 비판하는 동시에 기본적으로 자본주의적 생
산방식과 그에 따른 생산관계와 거래형태들이 어떤 특징을
갖고 있는지를 연구하여 근대 사회의 경제적 운동법칙을
드러내기 위한 작업이었다.

　마르크스는 〈자본론〉에서 궁극적으로 두 가지 문제의
식을 명확히 하려는 목표를 가지고 있었다. 한편으로는 자
본주의 경제체제에서 부가 어떻게 창출되고 어떻게 분배되
며, 그러기 위한 조건과 결과는 무엇인지에 대한 답을 구하
려고 했고, 다른 한편으로는 이러한 분석을 통해 자본주의
경제체제—고전파 경제학의 주장처럼—가 인간의 본성에
근거해서 작동하기 때문에 영원불변의 안정적인 경제체제
가 아니라 오히려 끊임없는 위기 속에서 번창하는 동시에
다시 그 번창으로부터 위기가 발생하면서 공산주의로 이행
할 수밖에 없다는 것을 보여주려고 했다.

　　마르크스는 경제체제가 고대 노예제 사회로부터 중세 봉건사회로, 그리고 다시 봉건사회가 자본주의 체제로 변할 수밖에 없는 역사 발전의 필연성을 과학적으로 분석했다. 또한 동일한 맥락에서 자본주의 역시 영원히 지속될 것으로 보지 않고, 오히려 자본주의가 인간 본성에 부합하는 유일한 경제체제라고 설명하는 부르주아 정치경제학의 문제점을 논리적이고 과학적으로 규명하려고 했던 것. '현존하는 것을 긍정적으로 이해하면서도 그것의 부정(즉, 그것의 불가피한 파멸)을 인정하는' 변증법적 방법이 인류 역사의 이해에 적용된 것이다.

　　이러한 문제의식의 발전 과정을 몇몇 주제로 나눠 살펴보기로 하자.

　　* 애덤 스미스가 시조이고, T. R. 맬서스, D. 리카도, J. B. 세이가 대표적인 인물이며, J. S. 밀에 의해 완성되었다.

1) 상품, 노동력, 자본

　　경제적 운동법칙을 명확히 한다는 것은 하나의 경제체제에 고유한 특성과 그에 따른 모순들이 반드시 전개될 수밖에 없는 현실을 논리적이고 과학적으로 분석하여 드러내는 것을 의미한다. 이러한 관점에서 마르크스는 〈자본론〉 이전의 저작에서 경제학의 연구 대상과 순서를 (1) 자본,

토지 재산, 임노동, (2) 국가, 대외 무역, 세계 시장, (3) 근대 부르주아사회를 구성하는 3대 사회 계급(자본가, 지주, 노동자)의 경제적 생활조건들에 관한 것으로 정했으며, 실제로 〈자본론〉 제3권의 마지막 장은 노동자 계급의 문제를 다루고 있다. 이때 유의할 점은 자본, 토지 재산, 임노동이란 경제적 범주와 3대 계급의 분석에서 개인은 철저히 배제된다는 사실이다. 즉 마르크스 이론에서 자본가, 지주, 노동자는 개인의 인성 또는 성품에 따라 행동하는 개인이 아니고, 계급관계에 책임이 없으며 오히려 계급관계에 따라 행동할 수밖에 없는 피조물이다. 예를 들어, 자본가가 끊임없이 이윤을 추구하는 것은 개인적인 욕심이 과해서가 아니라 그렇게 하지 않으면 자본가로서의 지위를 유지할 수 없기 때문이다.

자본주의뿐만 아니라 어떤 사회든 경제적으로 존속하기 위해서는 투입보다 산출이 커야 한다. 예를 들어, 100을 투입해서 120을 산출했다면 그 차액 20이 생산의 잉여인데, 그 잉여의 규모, 생산방법, 분배방식이 한 사회의 발전을 규정하는 물질적 요인이 된다. 고대 노예사회나 중세 봉건사회에서는 한 계급이 생산한 잉여를 다른 계급이 수탈하는 현상을 아주 쉽게 분간할 수 있었다. 귀족은 노예가 거둔 수확을 대신 차지했고, 영주는 농노에게서 지대를 받아냈기 때문이다. 그러나 자본주의 사회에서 자본가는 자유로운 계약에 따라 일정한 임금을 지불하고 노동자를 고용하기 때문에 착취 여부가 확연하게 노출되지 않는다. 즉 노동력을 포함한 모든 상품이 등가(等價)로 교환되기 때문에 잉여가 발생하고 그 잉여가 특정 계급에게로 귀속되는 방식이 신비화된다는 것.

따라서 마르크스는 자유로운 계약으로 이루어지는 판매와 구매로 유지되는 자본주의 사회에서 잉여의 생산과 분배의 특징을 드러내려 했다. 자본주의는 무엇보다도 상품의 생산과 유통이 일반화된 체제이고, 상품이란 시장에서 판매할 목적으로 생산된 재화를 가리킨다. 자본주의 사회에서 노동자는 노동력을 시장에서 팔아야 한다. 즉 자본가에게 고용되어 임금을 받아야만 생존을 유지할 수 있는 것. 그러므로 자본주의는 노동력이 상품화되어 등가에 교환되는, 그러나 바로 여기에 비밀이 숨겨져 있는 경제체제다.

부르주아 정치경제학은 자본주의 체제에서의 인간은 태어날 때부터 평등하며 자신의 이익을 추구하는 존재라고 규정한다. 그러나 고대사회의 노예나 봉건사회의 농노가 신분적·경제적으로 평등하지 않았듯이, 근대 자본주의 사회의 노동자 역시 비록 신분적으로는 평등해졌을지라도 경제적으로는 결코 고용주와 평등한 관계가 아니다. 노동자가 가진 재산이라곤 노동력뿐이고, 이것을 팔지 않으면 생존할 수 없다. 따라서 자본주의 경제체제에서의 실업이 노동자가 노동력을 팔기보다는 여가를 선택하기 때문에 발생한다는 부르주아 경제이론은 옳지 않다. 물론, 개중에는 일하기 싫어 취직하지 않는 사람도 얼마간 있겠지만, 많은 실업자는 일하기 싫어서가 아니라 일자리가 없기 때문에 실업 상태에 놓이는 것이다. 즉, 일하지 않으면 생존할 수 없는 존재인 노동자 계급의 실업 책임은 개인에게 있지 않다는 주장이다.

　　마르크스에 따르면, 자본주의 경제체제에서 잉여는 등가에 교환된 노동력이란 상품이 투입되어 상품을 생산하는 과정에서 발생한다. 다시 말해, 화폐(M)를 가진 자본가가 교환 과정에서 기계와 원료 등 생산수단(MP)을 다른 자본가들로부터 구입하고, 노동력(LP)을 노동자로부터 '등가에' 구매하여 생산 활동(Production)을 하고, 그 생산물(C′)을 다시 교환 과정에서 팔아 최초의 투자액(M)과 이윤(m)을 획득하는 것이다. 이때 자본가가 상품 생산을 위해 공장을 짓고 기계와 원료, 노동력을 사기 위해 투입하는 화폐가 '자본'이다. 자본가의 생활비는 자본이 아니다. 모든 교환 과정에서 등가 교환이 이루어졌음에도 불구하고 최초의 투자액이 늘어 이윤을 획득하는 비밀은 바로 상품의 생산 과정에 숨겨져 있다. 따라서 모든 사회적 재화를 구성하는 동시에 모든 교환의 대상인 '상품'으로부터 출발한 〈자본론〉은 상품의 교환 과정에서 구분되는 가치의 내용과 형식(사용가치와 교환가치), 보편적 교환가치 형태로서의 화폐의 의미, 노동력이란 상품의 특수성과 그것이 생산 과정에 투입됨으로써 나타나는 변화 등을 분석한다.

마르크스의 노동가치론을 상품 생산에 투여된 노동량으로 이해하는 경향이 있으나, 이러한 이해방식은 오히려 리카도 David Ricardo의 노동가치설이라고 해야 한다. 마르크스의 노동가치론에 따르면, 각 상품의 생산에 소요되는 시간은 사회의 생산력 발달 수준에 따라 다를 뿐만 아니라 교환 과정에서 팔려 돈으로 '실현'되는 가치는 생산에 투여된 노동 시간의 문제로 단순화할 수 없다. 따라서 마르크스는 교환 과정을 통해 일정량의 화폐로 '실현'된 가치의 크기를 의미하는 '사회적 필요노동 시간'이란 개념을 사용하고 있다. 즉, 상품 생산에 투여된 노동 시간에 따라 교환가치가 정해지고 그것에 의해 교환이 이루어진다는 리카도와 달리, 교환가치가 교환 과정에서 사회적으로 인정되어 화폐가치로 '실현'되어야 하는 과정까지를 고려했기 때문에 자본주의를 화폐 경제체제로 보았던 것이다. 마르크스에 따르면, 일반 상품과 노동력이란 상품이 화폐를 매개로 등가 교환됨에도 불구하고 잉여가치를 발생시키는 착취 과정은 점점 더 은폐된다. 즉 자본주의의 모든 비밀은 교환 과정과 화폐 관계 속에 은폐되는 것이다. 자본주의에서 화폐는 단순한 교환수단으로서만 아니라 생산자본으로서 모든 생산

과정을 지배하고, 금융자본으로서는 스스로 독립하여 '이자를 낳는 자본'이 되어 더 이상 생산 과정에 투여되지 않고도 '스스로 증식하는 자본'이 된다. 이것이 노동가치론에 대한 최근 논쟁이 마르크스가 화폐와 화폐 경제체제를 어떻게 이해하고 있었는가에 대한 문제로 전개되는 배경이다.

2) 계급사회로서 자본주의 경제체제

마르크스는 자본주의 사회의 주요 계급을 둘로 구분한다. 그 하나인 부르주아지 혹은 자본가 계급은 생산에 필요한 생산수단(토지, 공장, 기계 등)을 소유하고 있으며, 일반적으로 사용자라고 불린다. 마르크스는 이 계급을 '지배하는 계급'과 동일시했는데, 이들 지배 계급의 이해관계에 따라 사회가 구조화되고 그들의 생각이 공식 의견과 이데올로기를 규정한다고 보았다. "한 시대의 지배적인 사상은 항상 지배 계급의 사상이었다."

다른 하나인 프롤레타리아, 즉 노동 계급은 생산수단을 소유하고 있지 못하며, 따라서 자신의 생계수단을 충족시키기 위해 노동을 하도록 강제된다. 물론 정신노동자(화이트칼라)들도 육체노동자와 마찬가지로 자본가에게 노동력을 팔아 일을 하고 임금을 받아서 살고 있다. 이들 프롤레타리아의 임금 수준은 자신이 일을 할 수 있고 자녀의 출산과 양육을 통해 노동력을 재생산(의식주 및 휴식과 교육)할 수 있을 정도에 달한다.

자본주의 사회의 모든 구성원들은 형식적으로는 자유롭고 법적으로 대등하다. 그러나 실질적으로 프롤레타리아는 어떤 자본가에게 노동력을 팔 것인가를 선택할 수 있을 뿐이지, 일을 하지 않을 자유는 기본적으로 보장되어 있지 않다. 사실상 먹고 살 만큼의 임금을 받을 수 없다면, 자유란 별 의미를 갖지 않는다. 즉, 현실에서는—부르주아 경제학자들이 말과는 달리—법적 자유와 경제적 부자유가 양립할 수도 없다는 것이다. 생산수단에 대한 사적인 소유권에 근거해 제정된 부르주아 법이 지배하는 한, 법적으로 대등한 권리란 사회적 불평등을 의미할 뿐이다.

3) 사회적 모순과 위기(공황: crisis)

자본주의 체제에서 사회적 부가 축적되기 위해서는 끊임없이 노동력의 착취가 이루어진다. 자본가는 생산 과정에서 노동자의 노동에 의해 창출된 실제 가치의 일부만을 임금으로 지불할 뿐이고, 노동에 의해 사회적으로 생산된 실질적 잉여생산물은 전체 사회에 유익하게 활용되거나 귀속되는 것이 아니라, 생산수단을 지닌 자본가에게 사적으로 귀속될 뿐이다. 그래서 마르크스는 개인의 창조적인 노동력

으로 창출된 잉여가치가 자본가에게 사적으로 귀속되는 것
을 착취라고 규정한다.

마르크스에 따르면, 자본가들이 얻는 이윤율은 계속해
서 줄어들게 되는데, 이를 이윤율 저하의 경향이라고 한다.
이윤율 저하는 한편으로 지속적인 기계의 투입에 의해 발
생하는 현상이다. 노동가치설에 따르면 가치 창출은 인간
의 노동력에 의해서 이루어지는데, 자본에 의한 기계의 투
입으로 인해 투하되는 노동력이 줄어들기 때문에 이윤율이
저하되는 것이다. 자본가들은 끝없는 경쟁 조건 하에서 살
아남기 위해 가격을 낮출 수밖에 없고, 가격을 낮추려면 생
산비를 줄여야 하는데, 그것은 노동자의 임금 삭감이나 노
동 시간 연장 혹은 생산성 향상을 통해서나 가능한 일이다.
결국, 임금 삭감에 따라 노동자의 소비는 저하되고, 따라서
상품은 생산되지만 소비되지 않는 상태에서 경제는 위기(혹
은 공황)에 빠질 수 있다.

이러한 조건들로부터 마르크스는 자본가의 가치증식
을 위한 이해관계와 프롤레타리아의 욕구 · 이해관계 사이
에서 피할 수 없는 적대적 관계를 도출하고 있으며, 그 적
대성이야말로 주기적으로 발생할 수밖에 없는 자본주의의
위기와 한 발 더 나아가 노동자의 혁명적 저항의 원인이 된
다는 것이다. 자본주의의 경제적 모순관계들로부터 불가피
하게 발생하는 혁명적 봉기는 공산주의 혁명의 전조가 된다.

즉 자본이 스스로 무덤을 파게 된다는 것.

4) 노동의 소외

마르크스 당대의 철학자들에게 노동은 매우 중요한 인간 속성의 하나였다. 인간은 노동이란 의식적 행위를 하는 존재라는 점에서 다른 동물과 구별된다는 것. 인간 유적(類的) 존재의 근거는 동물과 달리 노동을 함으로써 환경을 창조적이고 자유롭게 만들어간다는 사실이다. 인간이 자연과 물질적 순환을 이루기 위해 절대적으로 필요한 것이 노동인 것이다.

"유용한 노동으로서 사용가치의 창조자로서 노동은 사회양식과 무관하게 모든 사회에 인간이 인간으로 존재하기 위한 조건이다. 인간과 자연 사이에 물질순환, 즉 인간의 삶을 유지하기 위해 영원히 필요한 것이다."

그러나 자본주의 체제에서는 인간 존재의 의미 혹은 인간이 인간일 수 있는 근거가 왜곡된다. 노동이 근본적으로 소외되고 전도(顚倒)된다는 것이다. 왜냐하면 노동은 사용가치의 창출이나 인간의 창조력을 실현시키기 위해 수행되는 것이 아니라 궁극적으로는 교환가치(혹은 교환가치의 일반적 형태로서 화폐)를 위해 이루어지기 때문이다. 노동자는 자신의 노동력을 마음대로 활용하여 뭔가를 만들 수도 없고, 자본가의 사전(事前) 조처나 명령에 의해서만 일을 할 뿐이다. 또한 그렇게 만들어진 물건은 그 노동자의 것이 아니다. 노동자 계급은 자신과는 거리가 먼, 자신으로부터 소외된 물건을 생산할 뿐이다. 노동자는 자신이 만든 물건을 통해 자신을 확인할 수 있지 않으며, 따라서 노동 과정에서 소외되는 것이다. "노동자의 노동은 자발적인 것이 아니라 강제된 것, 강제노동이다." 말인즉슨 노동은 자신의 욕구를 충족시키기 위한 행위라기보다는 노동 과정 밖에서의 욕구를 충족시키기 위해 필요한 수단(화폐)을 얻기 위한 행위일 뿐이라는 것이다.

4. 맺음말: 마르크스의 사상과 〈자본론〉의 현재적 의미

자본주의는 사적 소유와 시장경제에 기초한 경제체제다. 마르크스 다룬 다양한 분야에 대한 이론 중에서도 정치경제학 비판서인 〈자본론〉은 경제학 분야뿐만 아니라 사회학, 정치학 및 철학사적으로도 매우 중요한 저작의 하나로

꼽힌다.

　자본주의의 문제점을 가장 정확히 파악한 학문적 결과물로 인정받고 있는 〈자본론〉은 특히 자본주의는 그 속에 내재된 모순에 의해 스스로의 한계를 드러낼 것이라고 지적했는데, 그 지적은 자본주의 체제에 대한 가장 과학적인 분석으로도 평가되고 있다. 단지 자본주의가 붕괴하고 공산주의가 도래할 필연성을 지적한 점과 관련해서 많은 논쟁이 있지만, 이러한 논쟁은 과학성의 문제라기보다는 신념의 문제로 귀결되는 경우가 많다.

　마르크스가 〈자본론〉에서 제기한 문제는 자본주의가 아무리 발전해도 여전히 우리 사회의 중요한 문제로 남아 있다. 특히 사회적 불평등이 심화되고, 그 완화나 극복을 위한 과학적 대안의 제시가 부족한 상태다. 게다가 노동력을 포함한 모든 상품이 등가교환에 의해 이루어지고 있음에도 불구하고 불평등이 심화되는 원인에 대한 논의를 둘러싸고는 논쟁이 멈출 수 없다.

　〈자본론〉은 자본주의에 대한 비판적 대안을 제시하기 위해 거의 4반세기 가까운 시간에 걸쳐 당대의 지적 자산을 충실히 검토하고 현실을 냉철히 관찰하며 집필한 노작이다. 특히 마르크스의 학문사적 배경을 보면, 근대 철학과 새로운 학문분야로 부각된 경제학이 태동하여 한창 만개를 준비하던 때였다. 따라서 〈자본론〉은 헤겔 철학의 전통을

적극적으로 흡수했으면서도, 정치경제 현상의 분석을 통해 관념주의의 한계를 극복하기 위해 노력한 결과물로서 말 그대로 당대의 지적 자산을 총 집대성한 작품의 하나로 평가받을 수 있다.

분석적 엄격성과 과학성을 중시하는 사회과학 연구에서 〈자본론〉은 그 방법론에서 매우 중요한 지위를 누리고 있다. 그러나 '신념'의 문제로 환치되기 쉬운 가치 개입적 언명(言明) 등이 마르크스의 저작 여기저기서 발견됨에 따라 오해를 받기도 한다. 슘페터의 지적대로 사회과학자는 〈자본론〉에서 '다른 사람이 제시했더라면 대단히 높게 평가했을 이론적인 논의'를 많이 발견할 수 있다. 사상적 입장이 다르다는 이유로 학문적 엄격성과 과학적 자산을 배척하는 것은 학문의 폭과 깊이를 스스로 위축시킬 따름이다. 옹호하거나 반대하는 입장의 많은 사회과학자들이 여전히 〈자본론〉을 읽는 이유다.

실전 연습문제

〈 연습문제 1. 2008학년도 서울대 수시모집 논술고사 문제 〉

[논제]

제시문 (가)에 나오는 경제체제의 각 요소와 대비하여, 제시문 (나)의 [1]~[4]에 제시된 각 사회의 경제적 특성을 각 요소별로 비교 · 분석하시오. 이러한 분석에 근거하여 제시문 (나)에 나오는 경제적 특성의 일부 또는 선택적 조합을 통해 제시문 (가)에 나오는 경제체제를 대체하거나 구조적으로 보완할 가능성이 있는지의 여부와 그 이유를 논하시오.

(가)

　　분업이 이루어지면 노동의 생산력이 크게 증진된다. 안정된 사회에서는 분업의 결과, 기술이 진보하고 생산이 늘어서 최하층 계급에까지 부가 확산될 수 있다.

　　자신이 노동하여 얻은 생산물만으로는 인간의 수많은 욕망 중 극히 일부를 충족시킬 수 있을 뿐이다. 인간은 늘 남의 도움을 필요로 한다. 이때 단순히 남의 박애심(博愛心)을 기대하기보다는 상대편의 자애심(自愛心)을 유발시키는 편이 한결 나을 것이다. 다른 사람과 거래를 하고 싶은 사람은 누구든 다음과 같이 제안한다. "내가 필요로 하는 그것을 준다면, 네가 원하는 이것을 주겠다." 인간의 욕망은

대부분 자기의 노동생산물 가운데 소비하고 남은 잉여부분을 다른 사람의 잉여부분과 교환함으로써 충족된다.

분업의 발생은 교환 가능성을 전제로 한다. 분업의 정도는 시장의 규모에 따라서 달라진다. 시장의 규모가 아주 작은 경우에는 누구든지 한 가지 일만 하고 살 수는 없다. 왜냐하면 자신의 노동생산물 중에서 자신이 소비하고 남은 잉여부분을 다른 사람의 잉여부분과 교환하기 어렵기 때문이다.

시장에 공급되는 상품의 수량이 유효수요에 미치지 못하는 경우에는 그 상품의 가치를 지불할 의향이 있는 수요자들 모두에게 그 상품이 공급될 수 없다. 그렇다면 그들 중 일부는 다소 높은 대가를 치르더라도 그 상품을 사려고 할 것이다. 따라서 시장가격은 일시적으로 상품의 자연적 가치 이상으로 오를 것이다. 한편, 시장에 공급되는 상품의 수량이 유효수요를 초과하는 경우에는 상품 가치 전체를 지불할 의향이 있는 수요자들에게 파는 것만으로는 상품을 다 팔 수 없으며, 일정 부분은 상품 가치보다 덜 지불하려 하는 사람에게도 팔 수밖에 없다. 따라서 시장가격은 일시적으로 자연적 가격보다 떨어질 수밖에 없다. 위의 두 경우와 달리 시장에 공급되는 상품의 수량이 유효수요와 일치하는 경우 시장가격은 자연적 가격과 동일하게 된다. 공급자들은 수중에 있는 상품 전부를 이 가격으로 처분할 수 있지만 더 비싼 값을 받을 길은 없다. 한편, 공급자들 사이의 경쟁 때문에 이 가격을 받아들이지만, 그 이하의 가격으로 상품을 팔려고 하지 않을 것이다. 시장은 공급되는 상품의 수량을 자연적으로 유효수요에 일치시킨다.

상품이 지닌 가치의 보편적 척도는 노동이다. 바꾸어 말하면 노동은 사람들이 언제 어디서나 여러 상품의 가치를 비교할 수 있는 표준이다. 장기적으로는 노동의 양에 의해서 가장 정확하게 상품의 실제 가치를 평가할 수 있다. 그러나 일상의 거래에서는 화폐로 그 가치가 평가된다. 특정한 시점과 장소에서는 화폐가 모든 상품의 진정한 교환 가치의 척도이다.

(나)

[1] 사상 최초의 사회주의 국가인 소련이 성립되고 나서 곧바로 1920년대부터 1930년대에 걸쳐 '사회주의 경제계산 논쟁'(이하 '논쟁')이 있었다. 이것은 사회주의 체제 하의 경제가 과연 경제학적 합리성을 갖는가라는 문제를 둘러싸고 자유주의 입장에 선 그룹과 사회주의 입장에 선 그룹 사이에 오고 갔던 일련의 논쟁이었다.

가장 핵심적 쟁점은 경쟁적 시장가격이 존재하지 않는 상황에서 각종 자원의 합리적인 배분이 가능한가라는 문제

였다. 1920년 "사회주의 공동체의 경제계산"이라는 논문을
발표해서 '논쟁'의 도화선에 불을 댕긴 사람은 오스트리아
의 경제학자 폰 미제스였다. 그는 생산수단이 공유화되면
생산재를 교환할 시장이 없어지므로 생산재 가격이 수급균
형점에서 객관적으로 결정되기 어렵고, 따라서 자원 배분
이 자의적으로 될 수밖에 없기에 사회주의 경제란 논리적
으로 성립 불가능하다고 주장하였다. 그러나 사회주의 입장
에 섰던 경제학자들은 중앙계획당국이 시장경제의 일반 균
형론 체계를 원용하여 연립방정식을 풀어감으로로써 생산수
단을 공유하는 사회주의 경제에서도 다양한 재화와 서비스
의 가격을 합리적으로 구할 수 있다고 주장했다.

폰 미제스의 제자인 하이예크는 1935년에 펴낸 〈집산
주의 계획경제의 이론〉이라는 책에서 그때까지의 '논쟁'을
정리하였다. 그는 두 주장을 비교하면서, 사회주의 경제의
이론적 성립 가능성이라는 논점에 관해서는 사회주의 입장
에 선 그룹의 분석이 더 설득력이 있다고 인정하였다. 그러
나 현실의 사회주의 경제에서는 막대한 양의 통계 자료와
연립방정식이 필요하며, 이것을 푸는 것이 실제로는 불가
능하기 때문에 사회주의 경제가 실행 불가능하다고 주장하
였다.

그 후 오스카 랑에는 분권적 사회주의 모델을 이용해
서 사회주의 경제의 현실적 실행 가능성을 제시하였다. 랑

에는 중앙계획당국이 모든 가격을 결정하는 대신 시장의
가격 형성 메커니즘을 적절히 받아들임으로써 사회주의 경
제에서도 시행착오를 통해서 균형가격체계를 달성할 수 있
다고 주장하였다. 실제로 제2차 세계대전 이후 성립한 동유
럽 여러 나라 중에 헝가리는 자영농민을 비롯한 소생산자
들이 시장에서 상품을 팔 수 있도록 허용했으며, 소련에서
는 1960년대에 시장 거래를 본뜬 이윤 개념을 도입하였다.

[2] 일반적으로 화폐는 교환을 매개하는 기능을 수행한다.
그런데 원시경제에 대한 인류학자들의 분석을 통해서 시장
거래와는 전혀 다른 맥락에서 화폐가 이용되고 있음을 알
게 되었다. 예를 들어 남태평양에 있는 미크로네시아의 작
은 섬 야프(Yap)의 사람들은, 거의 2,000년 동안 중요한 물
건을 구입하거나 결혼 승낙을 얻기 위한 지참금으로 커다
란 돌 바퀴를 화폐로 사용해 왔다. 야프는 미국의 영토이므
로 식료품 가게나 주유소에서는 달러가 통용된다. 그러나
돌 화폐는 이 섬의 전통의상인 풀로 만든 치마처럼 현재까
지 계속 사용되고 있다. 돌 화폐에는 하나하나 고유의 역사
가 있으며 그것에 따라 각각의 가치가 다르다. 더구나 증여
가 반복되는 가운데 새로운 역사가 덧붙여지기 때문에 돌
화폐의 가치가 고정되어 있지 않다. 돌 화폐의 가치가 표준

화되어 있지 않기 때문에 상품의 구매수단으로서는 애초부터 부적절하다고 말할 수 있다. 또한 돌 화폐는 작은 것일지라도 직경이 수십 센티미터에 달하며 큰 것은 2미터를 넘기 때문에 도저히 지갑에 넣어 가지고 다니면서 사용할 수 없다. 이곳의 관습에 의하면 깨진 돌은 가치가 없기 때문에, 사람들은 돌을 옮기지 않고 일정한 장소('돌 화폐 은행')에 남겨둔 채 소유권만 이전한다. 이 섬 안에는 6,600여 개의 돌 바퀴가 있다.

[3] 서양의 중세 봉건사회에서는 봉신(封臣)이 주군(主君)에게 군사적 의무와 충성을 약속하고 그에 대한 대가로 주군은 봉신에게 영지(領地)를 하사했다. 봉건사회에서 지방의 제후(諸侯)는 자신의 주군인 국왕이나 더 높은 귀족에게는 봉신의 의무를 다했지만, 자신이 거느린 봉신이나 농민들에 대해서는 주군의 권리를 행사하였다. 주군이라 할지라도 영주가 자신의 영지에서 갖는 재판권이나 징세권(徵稅權)에 대해서는 간섭할 수 없었다. 장원제도는 봉건제도의 경제적 측면을 말한다. 중세의 농업 경제는 장원을 기본단위로 하여 이루어졌다. 장원의 중심부에는 영주의 저택과 교회, 그리고 농민의 집 등이 있었으며, 토지는 경작지 · 목초지 · 삼림 · 황무지 등으로 나뉘어 있었다. 장원은 그 안

에서 모든 생활을 자급자족할 수 있도록 만들어졌다. 장원의 경작지는 영주 직영지와 농민 보유지로 나뉘어 있었으며, 이들 토지는 서로 경계가 없이 섞여 있었다. 영주 직영지는 농민들이 경작했으며, 장원 전체 면적의 4분의 1 내지 3분의 1을 차지했다. 장원에 사는 농민들은 토지를 받는 대가로 영주에게 공물을 제공해야 했다. 그 대신 영주는 무력을 사용하여 농민들을 지켜주고, 흉년이 들었을 때에는 자기 재산을 이용하여 농민들을 보호해 주어야 했다. 장원의 토지를 경작하는 대부분의 농민은 농노였다. 그들은 고대의 노예와는 달리 토지와 가옥 등 약간의 재산을 소유할 수 있었고, 결혼을 하여 가정을 꾸밀 수도 있었다. 그러나 중세의 농노는 거주 이전이나 직업 선택의 자유가 없었고, 재판권·징세권 가진 영주의 인신적(人身的) 지배를 받았다.

[4] 1953년 일본의 야마기시 미요즈가 제창한 공동체 운동을 야마기시즘이라고 부른다. 야마기시즘이 꿈꾸는 공동체는 한마디로 '돈이 필요 없는 사이좋은 마을'이다. 1958년 일본에 야마기시즘 공동체가 처음 탄생한 이후 우리나라를 비롯해 스위스, 브라질, 독일, 오스트레일리아, 미국 등 세계 각국에 40여 개가 세워졌다. 이곳에서는 환경 친화적 농법으로 먹거리를 생산한다. 우리나라에는 1984년에 최초

로 야마기시즘 공동체가 생겼다. 이 마을의 홈페이지에는 "모든 생활과 경영을 일체 생활, 일체 경영, 일체 사회로서 해 나가고 있습니다. 양계가 차지하는 비율이 높고 함께 모여 살고 있기 때문에 단순한 양계장이나 공동체로 보는 분도 있습니다. 그러나 그것은 형태만을 본 오해이고 실제 목적은 다른 데 있습니다. 그 목적은 급료나 분배가 없는 일체 생활 속에서 사이좋게 즐겁게 살아가는 데 있습니다. 저희 자신만이 아니라 전 세계가 밝고 평화로운 사회로 바뀌기를 염원합니다"라고 적혀 있다. 이 마을은 무엇보다 무소유(無所有)를 삶의 근본 가치로 삼고 있다. 무소유는 공동 소유와 다르다. 이들은 마을의 재산도 주민들의 공동소유물로 보지 않을 정도로 아무것도 가지지 않는 사회를 꿈꾼다. 살아 있는 모든 것들이 태양과 공기의 혜택을 누리고 있는 것처럼 사람들의 삶도 그러해야 된다는 것이다. 세상의 어떤 것도 그냥 존재할 뿐 누구의 소유물도 아니며 누구나 사용할 수 있어야 한다는 것이 이 마을 공동체의 무소유 개념이다. 그러므로 이 마을은 돈이 필요 없는 사회이며, 필요한 물건은 누구나 무료로 사용할 수 있다. 다른 야마기시즘 공동체가 물건을 필요로 할 때에도 물론 무료로 공급해 준다.

〈 연습문제 2. 서울대 2008학년도 논술 예시문항【문항 3】 〉

다음 글을 읽고 물음에 답하시오.

(가)

　시장이 항상 효율적인 자원 배분을 가져오는 것은 아니다. 독과점의 횡포, 환경오염의 피해, 공공재의 생산 부족 등이 나타날 수 있기 때문이다. 정부는 이러한 시장 실패를 해결하기 위해 민간의 경제 활동에 개입해 왔다. 환경 보호를 위한 규제, 공기업을 통한 독점 사업의 운영, 독과점과 불공정 거래에 대한 규제 등이 바로 그것이다. 또한 정부는 특정 산업 부문에서의 기업 활동에 대한 인·허가를 특정한 업자에게만 내주기도 하는데, 이는 기업 간의 과도한 경쟁 방지, 자원의 효율적 이용, 공익 증진 등을 위해서이다. 개발도상국에서는 특정한 전략 산업을 육성할 목적으로 정부가 독과점 기업이 될 수 있는 인·허가를 내주는 경우도 있다. 또한, 정부 규제는 소비자의 권익 보호와 산업의 건전한 발전이라는 목적을 가진다. 정부는 이러한 규제 활동을 통해 경제적·사회적 활동에 수반되는 부작용을 최소화하고, 국민의 생명과 재산을 보호하며, 국민의 복지를 증진시키고자 한다.

—고등학교 사회교과서

(나)

    정부 규제는 본래의 취지와는 달리 여러 가지 부작용
을 초래하기도 한다. 기업 경쟁력의 약화, 기업과 정부의
유착, 관료 집단의 이기주의와 부정·부패 등이 바로 그것
이다. 1980년대 이후 세계 여러 나라들은 국민 생활과 기
업 활동의 자율성을 보장하기 위해 규제 완화를 지속적으
로 추진하고 있다. 이는 민간의 능동적 참여와 자발적 창의
가 실현될 때, 지속적인 경제 성장이 가능하다는 사실을 깨
달았기 때문이다. 영국의 예를 들어보자. 19세기에 세계 제
일의 경제력을 보유하였던 영국은 20세기 들어 소위 '영국
병'이라 불리게 된 지속적인 생산성의 하락과 수출 시장의
축소를 경험하였다. 이러한 '영국병'의 원인은 정부 주도의
산업 육성 정책, 공공 부문의 지나친 비대화, 강성 노조로
인한 노동 시장의 경직성 등에 있었다. 특히, 국내 총생산에
있어서 공기업 부문이 차지하는 비중은 1970년대 말의 경
우 약 10%에 달하였다. 1979년 보수당 집권 이후 영국 정
부는 노조에 대한 강경 정책을 실시하는 한편, 민간 경제의
활성화를 위해 공기업의 민영화, 규제 완화, 재정 지출 삭감,
조직 개편 등을 추진하였다. 또한 1980년대 중반 이후 영
국 정부는 석유 공사, 항공 회사, 전신·전화 회사 등과 같
은 주요 공기업을 민간에 매각함으로써, 경영의 효율성을
제고하고 정부 예산을 절감할 수 있었다. 한편, 영국 정부는
1980~1994년의 기간 동안 중앙부처 공무원의 약 25%를

감축하였다. 이러한 개혁의 결과 영국 경제는 다시 건강을 회복할 수 있었다. 1960~1979년 사이에 1인당 제조업 생산 증가율은 선진국 중 11위에 불과하였으나, 1979~1994년 사이에는 2위로 부상하게 된 것이다.

—고등학교 사회교과서

(다)

모든 개인은 그가 좌우할 수 있는 모든 자본에 대해서 가장 유리한 용도를 발견하고자 끊임없이 노력하고 있다. 물론 그의 1차 관심사는 자기 자신의 이익으로 그 사회의 이익은 아니다. 그러나 그 자신의 이익 추구가 자연적으로 또는 오히려 필연적으로 그에게 가장 유리한 용도를 선호하게 유도하는 것이다. … 물론, 각 개인은 사회공공의 이익을 촉진하려고 직접 노력하지 않고, 실제로 자신이 어느 정도 사회공공의 이익을 촉진하고 있는지도 모른다. 그가 외국의 산업보다 국내의 산업을 도와주고 싶어하는 것은 오로지 자기 자신의 안전을 위함이고, 그가 그 산업의 생산물이 최대의 가치를 갖게 되도록 그 산업을 운영하고자 하는 것은 그 자신의 이득을 취하기 위함이다. 그리하여 그는 이 경우에도 다른 경우와 마찬가지로 보이지 않는 손(invisible hand)에 이끌려 자신이 전혀 의도하지 않았던 목적을 추구하게 되는 셈이다. 그것이 그가 의도한 바가 아니라는 것은 반드시 사회에 대해 나쁜 것은 아니다. 그는 자기 자신의 이익을 추구함으로써 실제로 사회의 이익을 직접 추구했을 경우보다 더욱 유효하게 사회의 이익을 증진하는 수가 많은 것이다.

—애덤 스미스 〈국부론〉. 고등학교 경제교과서

(라)

인간과 자연 환경의 운명이 순전히 시장 메커니즘 하나에 좌우된다면, 결국 사회는 폐허가 될 것이다. 구매력의 양과 사용을 시장 메커니즘에 따라 결정하는 것도 같은 결과를 낳는다. 비록 사람들은 '노동력'도 똑같은 상품이라고 우겨대지만, 일하라고 재촉하거나 마구 써먹거나, 심지어 사용하지 않고 내버려두거나, 어쨌든 그 특별한 상품을 몸에 담은 인간 개개인은 반드시 영향을 입게 마련이다.

이런 체제 아래에서, 인간의 노동력을 소유자가 마음대로 처리하다 보면, 노동력이라는 꼬리표를 달고 있는 '인간'이라는 육체적·심리적·도덕적 실체마저 소유자가 마음대로 처리하게 된다. 인간들은 갖가지 문화적 제도라는 보호막이 모두 벗겨진 채 사회에 알몸으로 노출되고 결국 쇠락해 간다. 그들은 악덕, 인격 파탄, 범죄, 굶주림 등을 거치면서 격동하는 사회적 혼란의 희생물이 된다. 자연은 그 구성 원소들로 환원되어 버리고, 주거지와 경관은 더럽혀

진다. 또 강이 오염되며, 군사적 안보는 위협당하고 식량과 원자재를 생산하는 능력도 파괴된다. 마지막으로, 구매력의 공급을 시장 기구의 관리에 맡기게 되면 영리기업들은 주기적으로 파산하게 될 것이다. 원시 사회가 홍수나 가뭄으로 인해 피해를 입었던 것처럼, 화폐 부족이나 과잉은 경기에 엄청난 재난을 가져올 것이기 때문이다.

노동 시장, 토지 시장, 화폐 시장이 시장 경제에 '필수적'이라는 점은 의심할 여지가 없다. 하지만 인간과 자연이라는 사회의 실체와 경제 조직이 보호받지 못한 채 그 '악마의 맷돌'에 노출된다면, 어떤 사회도 무지막지한 상품 허구의 경제체제가 몰고 올 결과를 한순간도 견뎌 내지 못할 것이다.

—Karl Polanyi 〈거대한 변환〉

[논제1]

(가), (나), (다), (라)를 입장에 따라 2개의 그룹으로 나누고, 그렇게 나눈 이유를 논술하시오.

[논제2]

(라)는 우리 삶을 시장경제에만 맡겨둘 경우에 발생하게 될 위험에 대해 경고하고 있다. 이러한 경고가 정당한 것인지, 과도한 것인지 위의 제시문들을 토대로 논술하시오.

[논제 3]

위의 논의를 기반으로 기업의 입장에서 '기업하기 좋은 환경'이란
어떤 것이고 '기업하기 좋은 나라'는 어떤 나라인지 설명하고, 그러
한 나라의 좋은 면과 나쁜 면을 평가하시오.

〈 연습문제 3. 고려대 2008학년도 모의논술 〉

다음 제시문을 읽고 논제에 답하시오.

(가)

　　일반적으로 풍요로운 사회는 모든 물질적 필요가 쉽게
충족되는 사회라고 여겨진다. 그러나 이런 고정관념은 버려
야 한다. 이 관념은 진정한 '사회적 논리'를 전적으로 배제
하고 있기 때문이다. 그 대신 우리는 마셜 살린스가 '최초
의 풍요로운 사회'에 관한 논문에서 주장한 견해를 따라야
한다. 살린스에 따르면, 몇몇 원시 사회의 경우와 달리 현
대의 생산지상주의적 산업 사회는 희소성에 의해 지배되는
사회, 즉 시장경제의 특징인 희소성이라는 강박관념에 의
해 지배되는 사회다. 풍요로움이라 불릴 수 있는 상태는 인
간에 의한 생산과 인간이 지니는 목적이 일치하는 균형 상
태다. 그런데 인간은 많이 생산하면 할수록, 넘쳐나는 생산
품들 속에서도, 그런 풍요로움의 상태로부터 돌이킬 수 없

이 점점 더 멀어진다. 성장 사회가 충족시키는 것, 그 사회에서 생산성이 증가함에 따라 점차 더 충족되는 것은 생산의 명령에 따른 필요이지 인간의 '필요'가 아니다. 실제로 성장 사회의 존립은 인간의 필요에 대한 무지에 기초해 있다. 그렇기 때문에 성장 사회에서 풍요로움은 한없이 뒤편으로 물러서고, 그 대신 희소성이 사회를 조직적으로 지배하게 된다.

살린스에 의하면 오스트레일리아나 칼라하리 사막에 살고 있는 원시 유목민족은 절대적 '빈곤'에도 불구하고 진정한 풍요로움을 알고 있다고 한다. 이 원시인들에게는 개인 소유물이 전혀 없다. 그들은 자신이 가진 것에 집착하지 않고, 한 곳에서 다른 곳으로 옮겨갈 때는 가졌던 것을 버린다. 다른 곳으로 쉽게 이동하기 위해서는 그렇게 하는 것이 필요하기 때문이다. 그들에게는 생산을 위한 활동, 즉 '노동'이 없다. 말하자면 그들은 '한가롭게' 수렵하고 채집하면, 손에 넣은 모든 것을 서로 나누어가진다. 그들은 아낌없이 낭비한다. 그들은 모든 것을 단번에 소비하며, 어떠한 경제적 계산도 하지 않고, 아무것도 저장하지 않는다. 원시 수렵 채취생활자들은 부르주아의 발명품인 '호모 이코노미쿠스'(경제인)를 전혀 닮지 않았다. 그들은 경제학의 기본원칙들을 모른다. 그들은 인간의 에너지나 자연자원, 혹은 경제적으로 사용가능한 것들을 결코 완전히 활용하지는 않는다.

원시인들은 잠을 많이 잔다. 자연자원의 풍부함에 대한 신뢰, 바로 이것이 원시인의 경제체계의 특징이다. 반면에 현대인의 체계가 갖는 특징은 인간이 쓸 수 있는 수단이 충분하지 않다는 데에 대한 절망감, 그리고 시장경제와 보편적 경쟁의 결과로 발생하는 근본적이고 파국적인 불안감이다. 이 특징은 기술이 진보함에 따라 더 뚜렷해진다.

　　원시 사회의 특징은 집단 전체적으로 실행되는 '장래를 생각하지 않음'과 '아낌없이 낭비함'이다. 이것이 진정한 풍요로움의 표시다. 반면, 우리는 풍요로움의 기호(記號)만을 갖고 있다. 우리는 거대한 생산 체계 속에 빈곤과 희소성의 기호를 몰아넣고 마음 졸이며 그것을 주시한다. 그러나 살린스가 말한 바와 같이, 빈곤은 재화의 양이 적은 데 있는 것이 아니며, 또 단순히 목적과 수단의 관계에서만 비롯되는 것도 아니다. 빈곤은 무엇보다도 인간과 인간의 관계다. 자연자원의 풍부함에 대해 원시인들이 지닌 신뢰의 토대가 되고 그들이 배고픔 상태에서도 풍요로운 삶을 살아가도록 해주는 것은 결국 사회관계의 투명성과 상호성이다. 여기서는 자연, 토지, 또는 '노동'의 도구나 생산물 등을 누가 어떠한 형태로든 독점하여 교환을 방해하거나 희소성을 제도화하는 일이 없다. 인간의 역사에서 축적은 항상 권력의 원천이었다. 그러나 원시 사회에서 그런 축적은 존재하지 않는다. 원시 사회 같은 증여와 상징적 교환의 경제에서는 한정된 적은 양의 재화만으로도 모든 구성원들이 누릴 수 있는 부가 만들어질 수 있다. 왜냐하면 그 재화들은 한 사람에게서 다른 사람에게로 끊임없이 이동하기 때문이다. 부는 재화를 바탕으로 하여 생기는 것이 아니라, 사람들 간의 구체적인 교환을 바탕으로 하여 생긴다. 교환을 하는 사람들의 수가 한정되어 있어도 각 교환의 순간마다 교환된 사물에 가치가 부가되고 교환의 순환은 끝이 없기 때문에, 부는 무한하다. 구체적이고 관계적인 이런 변증법은, 문명화되고 산업화된 우리 사회를 특징짓는 경쟁 및 차별화 속에서 무한한 욕구와 결핍의 변증법으로 역전되어 있다. 원시 사회에서의 교환의 경우, 모든 관계는 사회의 부를 증가시킨다. 그에 반해 현대의 '차별화' 사회에서 모든 사회관계는 개인의 결핍감을 증대시킨다. 왜냐하면 원시 사회에서의 교환의 경우 소유물은 다른 것들과 관계를 맺음으로써 가치를 얻는 반면, 현대 사회에서 소유물은 다른 것들과의 관계망 속에서 상대화되기 때문이다.

따라서 현대의 '넘쳐나는' 사회에서는 오히려 풍요로움이 상실되었으며, 그 잃어버린 풍요로움은 생산성을 한없이 증대해도, 새로운 생산력의 고삐를 풀어도, 다시 찾아질 수 없다. 풍요로움과 부는 사회조직 안에서 구조적으로 나타나기 때문에, 사회조직과 사회관계가 완전히 변화되어야만 생겨날 수 있다. 우리가 시장경제를 넘어 아낌없는 낭비로 돌아갈 날이 있을까? 우리에게는 낭비가 아니라 '소비'가 있다. 그것은 영구히 지속하는 강요된 소비요, 희소성의 쌍둥이 자매다. 원시인들에게 최초의, 그리고 유일한 풍요로운 사회를 체험하게 한 것은 그들의 사회적 논리였다. 우리를 호화스러운 빈곤 속에서 살도록 하는 것도 우리 자신의 사회적 논리다.

(나)

산업화된 국가의 시장에서 판매를 위해 상품과 서비스의 가치나 용도를 왜곡하는 일이 빈번하게 벌어진다. 실제로 그 상품과 서비스는 구매자가 필요로 하지 않거나 원치 않는 것일 수 있다. 테오도르 슈토름의 〈크리스마스 캐럴〉에 나오는 거지 아이는 행인들에게 "제발 사세요! 아저씨, 제발 이것 하나만 팔아주세요!"라고 애원한다. 옷가게 주인에서 수공업자와 대기업의 영업 담당자에 이르는 대부분의 공급자들도 그 거지 아이처럼 애원한다. "여러분, 제발 사십시오!"

그러나 단순히 애원한다고 판매고가 올라가는 것은 아니다. 공급자는 소비자를 교묘하게 설득하고 현혹해야 한다. 소비자는 공급자가 펼치는 판매 전략에 이끌려 환각의 상태에 빠지기도 한다. 갖가지 빛깔과 음향과 향기, 행운의 약속과 연출은 소비자의 감정을 자극하고 그의 이성을 마비시키기도 한다. 공급자의 판매 전략 때문에 구매욕을 통제할 수 없었다거나, 판매 전략에 말려들어 어쩔 수 없이 물건을 샀다고 고백하는 사람들을 흔히 만날 수 있다. 그들 중에는 나이 어린 사람들이 상당한 비중을 차지한다. 심리학자들은 실제로 그런 구매자들에게서 환각 상태와 같은 증상을 확인할 수 있었다.

이성의 브레이크를 약간 느슨하게 만들고 감정의 엔진을 한껏 돌리면 구매가 이루어진다. 그리하여 산업화가 먼저 진행된 국가일수록 자본과 지식과 노동력의 더 많은 부분을 오로지 물건을 탐나도록 만드는 데 쓴다. 상품의 세계에서 소비자의 명백한 필요와 욕구를 충족시켜주기 위한 물목의 비중은 점점 줄어드는 추세이다. 대부분의 경우 우선 물건에 대한 욕구를 일깨운 다음 소비자가 평생 그 욕구를 위해 지출하도록 만든다. 물질적으로 풍요로운 사회의 본질이 바로 여기에 있다. 이러한 사회에서는 욕구를 일깨우는 것이 욕구를 만족시키는 것 못지않게 중요하다. 심지어는 충족시킬 경우 소비자가 해를 입게 되는 욕구조차 만들어진다. 소비의 왜곡 현상이 나타나는 것이다.

(다)

빵 집이 다섯 개 있는 동네

우리 동네엔 빵집이 다섯 개 있다
빠리바게뜨, 엠마
김창근베이커리, 신라당, 뚤레쥬르

빠리바게뜨에서는 쿠폰을 주고
엠마는 간판이 크고
김창근베이커리는 유통기한
다 된 빵을 덤으로 준다
신라당은 오래 돼서
뚤레쥬르는 친절이 지나쳐서

그래서
나는 빠리바게뜨에 가고
나도 모르게 엠마에도 간다
미장원 냄새가 싫어서 빠르게 지나치면
김창근베이커리가 나온다
내가 어렸을 땐
학교에서 급식으로 옥수수빵을 주었는데
하면서 신라당을 가고
무심코 뚤레쥬르도 가게 된다

밥먹기 싫어서 빵을 사고

애들한테도
간단하게 빵 먹어라 한다

우리 동네엔 교회가 여섯이다
형님은 고3 딸 때문에 새벽교회를 다니고
윤희엄마는 병들어 복음교회를 가고
은영이는 성가대 지휘자라서 주말엔 없다
넌 뭘 믿고 교회에 안 가냐고
겸손하라고
목사님 말씀을 들어보라며
내 귀에 테이프를 꽂아 놓는다

우리 동네엔 빵집이 다섯
교회가 여섯 미장원이 일곱이다
사람들은 뛰듯이 걷고
누구나 다 파마를 염색을 하고
상가 입구에선 영생의 전도지를 돌린다
줄줄이 고기집이 있고
김밥집이 있고
두 집 걸러 빵 냄새가 나서
안 살 수가 없다
그렇다

살 수밖에 없다

Ⅰ. 제시문 (가)를 400자 내외로 요약하시오.(20점)

Ⅱ. 제시문 (나)의 논지를 밝히고, 이것을 참고하여 제시문 (다)를 해설하시오.(40점)

미국에서 1억부 이상 판매된 기적의 논술가이드
클리프노트가 한국에 상륙했다!!

방대한 고전을 하루만에 독파하는 스피드

다락원 명작노트 **CliffsNotes™** 시리즈는

▶ 미국대학위원회, 서울대, 연·고대 추천 고전을 알기 쉽게 재구성한 대한민국 대표 논술교과서 입니다. ▶ 작품의 핵심내용과 사상, 역사적 배경, 심볼, 작가의 의도 등을 명확하게 정리하여 방대한 원 작을 쉽고 빠르게 이해할 수 있게 해줍니다. ▶ 미국에서 리포트, 논술용으로 1억 부 이상 팔린 초베스트 셀러의 명성에 비평적 사고와 논리적 글쓰기의 모델을 제시하는 〈一以貫之〉의 논술 노트를 통해 사고 능력, 읽기 능력, 쓰기 능력을 체계적으로 길러줍니다.

★ 〈一以貫之〉 논술연구모임: 대입 논술이 시작될 때부터 학원과 학교에서 논술을 가르쳐온 전문가들의 모임입 니다. 현재 서울·분당·평촌·인천·광주·부산·울산 등의 유명 학원과 고등학교의 논술강의 현장에서 학생들이 '자신의 물음'과 '자신의 생각'을 갖고 '자신의 글'을 쓸 수 있도록 도와주고 있습니다.

다락원 명작노트 **CliffsNotes™** 시리즈 50권 출간

001 걸리버 여행기 002 동물농장 003 허클베리 핀의 모험 004 호밀밭의 파수꾼 005 구약 성서

006 신약 성서 007 분노의 포도 008 빌러비드 009 이반 데니소비치의 하루 010 카라마조프 가의 형제들

011 순수의 시대 012 안나 카레니나 013 멋진 신세계 014 캉디드 015 캔터베리 이야기 016 죄와 벌

017 크루서블 018 몽테크리스토 백작 019 데이비드 코퍼필드 020 프랑켄슈타인 021 신곡

022 막대한 유산 023 햄릿 024 어둠의 심연 外 025 일리아드 026 진지함의 중요성 027 제인 에어

028 앵무새 죽이기 029 리어 왕 030 파리대왕 031 맥베스 032 보바리 부인 033 모비딕

034 오디세이 035 노인과 바다 036 오셀로 037 젊은 예술가의 초상 038 주홍 글씨 039 테스

040 월든 041 워더링 하이츠 042 레미제라블 043 오만과 편견 044 올리버 트위스트 045 돈키호테

046 1984년 047 이방인 048 율리시스 049 실낙원 050 위대한 개츠비

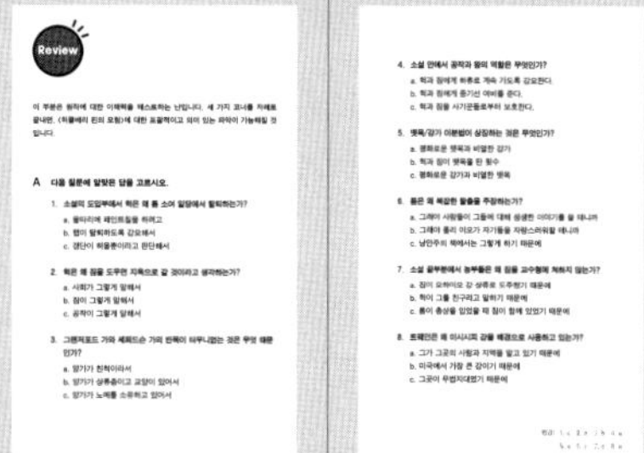

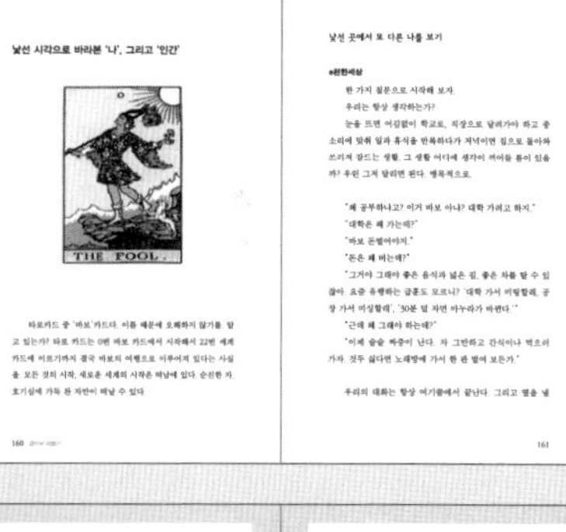

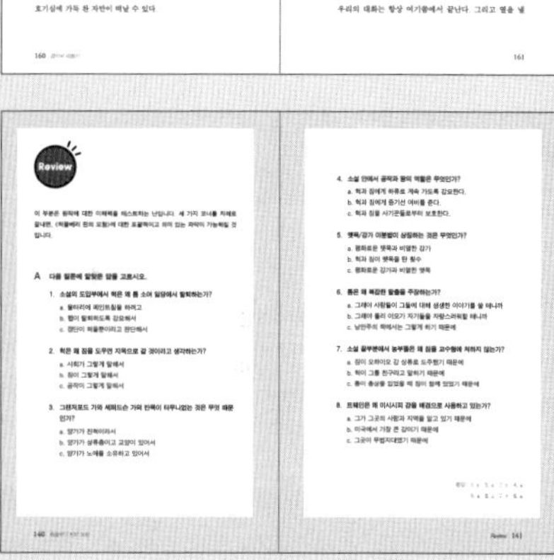

작가 노트 | 작가에 대해 꼭 알아야 할 배경지식이 담겨 있습니다.

작품 노트 | 작품의 개요, 전체 줄거리, 등장인물 등 작품 전반을 이해하는 데 필수적인 부분을 실어 놓았습니다.

Chapter별 정리 노트 | 각 장의 '줄거리'와 '풀어보기'가 들어 있습니다. '줄거리'에서는 원작의 내용을 명쾌하게 파악할 수 있습니다. '풀어보기'에서는 원작에 담긴 문학적 경향, 주제, 상징 등을 다루었습니다.

인물분석 노트 | 등장인물에 대한 보다 면밀한 분석이 들어 있습니다.

마무리 노트 | 작품의 주제 등 보다 넓은 시각에서 작품을 볼 수 있도록 도와줍니다.

Review | 작품 이해도를 묻는 질문 코너입니다. 다양한 질문에 답하다 보면 작품에 대한 포괄적이고 의미 있는 파악이 가능해집니다.

一以貫之 논술 노트 | 권말에는 일이관지 논술연구모임에서 작성한 해당 작품과 관련한 논술 노트가 실려 있습니다. 원작을 우리의 삶과 연계시켜 비판적 사고와 논리적 글쓰기의 방향을 제시합니다.

실전 연습문제 | 해당 작품을 바탕으로 출제 가능성이 높은 논점을 함께 숙고해 봅니다.

★ 변형 국판   ★ 각권 8,500원

〈행복한 명작 읽기〉는 기초가 약한 영어 초급자나 초, 중, 고 학생들이 보다 즐겁고 효과적으로 명작들을 읽으며 독해력을 키울 수 있도록 개발된 독해력 증강 프로그램입니다.

책의 특징

1 골라 읽는 재미가 있다. 초보자를 위한 350단어 수준에서 중고급자를 위한 1,000단어 수준까지 5단계 구성.
2 단계별로 효과적인 영어 읽기 요령과 영문 고유의 참맛을 느낄 수 있는 장치가 곳곳에.
3 읽기만 해도 영어의 키가 쑥쑥 - 해석을 돕는 돼지꼬리(◟), 영어표현 및 문법 설명, 퀴즈가 왕창.
4 체계적인 듣기 학습까지. 전문 미국 성우들의 생동감 넘치는 원음을 담은 오디오 CD 제공.

왕초보 기초다지기

쉬운 영문을 통해 영어 독해에 대한 막연한 두려움을 없앤다.

Grade 1   Beginner

350 words

1 미녀와 야수
2 인어공주
3 크리스마스 이야기
4 성냥팔이 소녀 외
5 성경 이야기 1
6 신데렐라
7 정글북
8 하이디
9 아라비안 나이트
10 톰 아저씨의 오두막

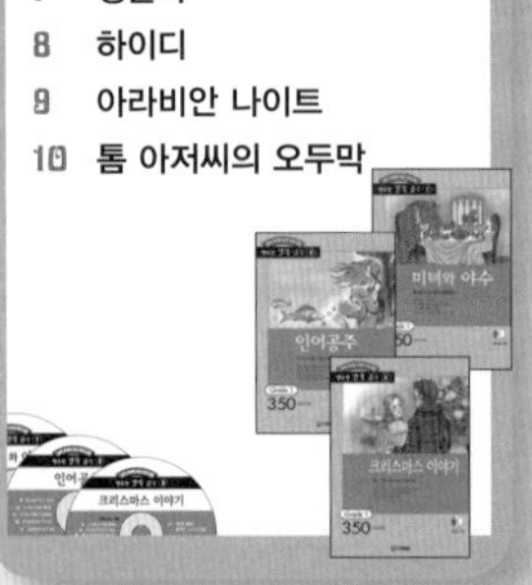

Grade 2   Elementary

450 words

11 이솝 이야기
12 큰 바위 얼굴
13 빨간머리 앤
14 플랜더스의 개
15 키다리 아저씨
16 성경 이야기 2
17 피터팬
18 행복한 왕자 외
19 몬테크리스토 백작
20 별 │ 마지막 수업

국판 │ **Grade 1, 2, 3 각권 6,000원**
(오디오 CD 1개 포함)

Grade 4, 5 각권 7,000원
(오디오 CD 1개포함)

*어린왕자 8,000원
(오디오 CD 2개 포함)

**고도를 기다리며 9,000원
(오디오 CD 2개 포함)

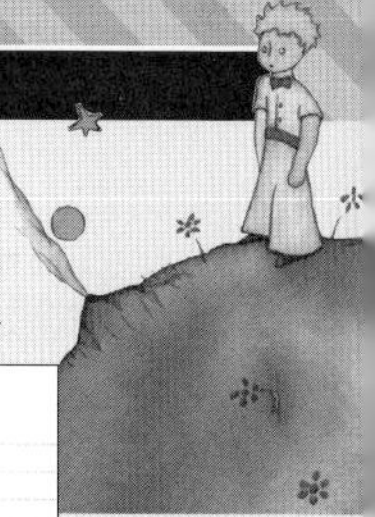

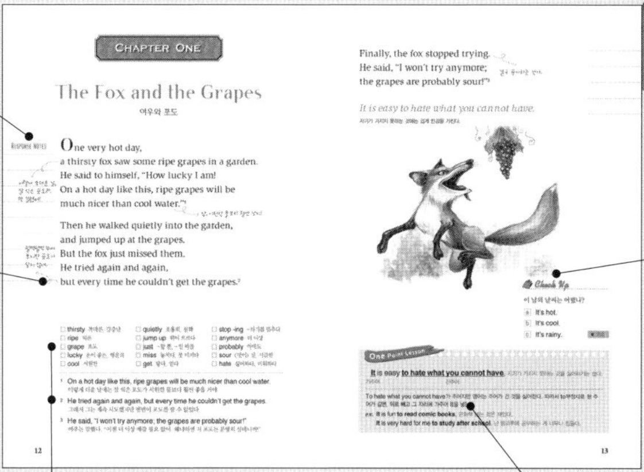

Response Notes
(독자의 공간)
영문을 읽어나가다
궁금한 점, 기억해 두어야
할 점을 메모한다.

해석 도우미
(일명 '돼지꼬리')
꼬리 끝에 해석을 돕는
힌트가 꽂혀 있다.

Check-Up
내용 파악이
잘 되었는지 확인.

주요 어휘 및 문장 해석

One-Point Lesson
주요 문법사항이나 표현에
대한 심층 분석 코너.

실력 굳히기

실력에 맞게 효과적으로 끊어 읽으며 직독직해 훈련을 한다.

영어의 맛
제대로 느끼기

영문판 원서 도전을 위한
전 단계의 준비과정이다.

Grade 3 — Pre-intermediate · 600 words

Grade 4 — intermediate · 800 words

Grade 5 — Upper-intermediate · 1000 words

패턴 따라 쉽게 쓰는 틴틴 영어일기 1, 2

❶ 일상생활 패턴정복
❷ 학교생활 패턴정복

중학교에 다니는 여학생과 남학생이 각각 일상생활과 학교생활을 중심으로 1년간의 일을 쉽고 재미있게 쓴 영어일기. 중학생이라면 누구나 한번쯤 겪어봤을 만한 일들을 바탕으로 한 다양한 일기 소재와 어휘가 제공되어 있기 때문에, 영어일기를 통해 영작을 연습하려는 학습자에게 큰 도움이 될 수 있는 교재이다. 중·고생뿐만 아니라, 중학 영어를 미리 예습하려는 예비 중학생들에게도 아주 효과적인 영어 학습서로 강추!

□ 정미선 지음 / 4·6배 변형 / 192면
□ 정가 10,000원 (오디오 CD 1개 포함)

Teen Teen Diary (전3권)

❶ 매일 10단어로 뚝딱 중학생 영어일기

중1 수준의 어휘와 문장으로, 영어일기와 일상회화에 대한 감각을 익힌다.

□ 정미선 지음 / 신국판 / 144면
□ 정가 7,500원 (테이프 1개 포함)

❷ 매일 5문장으로 술술 중학생 영어일기

중2 수준의 어휘와 문장으로, 영어일기에 친숙해지고 자신감을 쌓는다.

□ 정미선 지음 / 신국판 / 152면
□ 정가 7,500원 (테이프 1개 포함)

❸ 매일 내맘대로 쓱싹 중학생 영어일기

중3 수준의 어휘와 문장으로, 중학영어를 마스터하고 미국의 일상회화에 익숙해진다.

□ 정미선 지음 / 신국판 / 144면
□ 정가 7,500원 (테이프 1개 포함)

지니의 미국생활 영어일기 Hello! America (전2권)

❶ 가을학기 ❷ 봄학기

어느 한국 여학생의 미국생활 이야기를 일기 형식으로 담은 책. 1권은 '가을학기', 2권은 '봄학기'편으로, 총 1년간의 미국 학교생활 및 일상생활에 관한 흥미로운 이야기들이 담겨 있다. 미국 학생들의 실생활을 바탕으로 한 탄탄한 스토리로 살아 있는 현지 영어와 미국문화를 체험할 수 있을 뿐만 아니라, 영어 독해 및 영작 연습을 할 수 있는 아주 유용한 교재이다.

□ 이지현 지음 / 국배판 변형 / 152면
□ 정가 8,500원